ABI 2021/22

Auf einen Blick

Geschichte

Niedersachsen

STARK

Bildnachweis
S. 8: Foto: Dean Franklin / wikipedia, CC BY 2.0
S. 12: Foto: Luis García / wikipedia, CC BY-SA 3.0
S. 16: Der Spiegel 44/1996
S. 20: Bundesarchiv, Bild 183-R68588 / P. Loescher & Petsch / CC-BY-SA 3.0
S. 26: wikipedia, CC BY-SA 4.0
S. 30: Foto: Christian Michelides / wikipedia, CC BY-SA 4.0
S. 32: picture-alliance / dpa | epa Sipa
S. 36, 37, 38: © Cartomedia

Inhalt

Karten

Hinweis zur Benutzung

Die folgenden Doppelseiten des Kapitels zur Geschichts- und Erinnerungskultur sind nur für das Abitur 2022 relevant:

- Historische Erinnerung (S. 30 f.)
- Nationale Gedenk- und Feiertage I (S. 32 f.)
- Nationale Gedenk- und Feiertage II (S. 34 f.)

Was erwartet mich?

Die **Themen der verbindlichen Wahlmodule des Geschichtsabiturs in Niedersachsen** sind breit gestreut und reichen von der „American Revolution“ über die „Völkerwanderung“ bis zum deutsch-polnischen Verhältnis im 19. und 20. Jahrhundert. Für das Abitur 2022 kommt außerdem noch die Beschäftigung mit der Geschichts- und Erinnerungskultur dazu. Bei diesen auch zeitlich weit gespannten Themen ist es nicht immer leicht, den Überblick zu behalten. Ihnen dabei zu helfen, ist das Hauptanliegen des vorliegenden Büchleins, das nach dem Doppelseiten-Prinzip aufgebaut ist.

- Jede Doppelseite beginnt mit einem **Schaubild**, das ein schnelles Erfassen des Themas ermöglicht und seine zentralen Merkmale veranschaulicht. Durch die grafische Gestaltung werden Zusammenhänge auf einen Blick deutlich und sind leichter zu behalten.
- Die **historische Abbildung** neben jedem Schaubild gibt einen Einblick in die behandelte Zeit und kann als Merkhilfe dienen.
- Die **Gliederung** des Büchleins folgt den inhaltlichen Vorgaben der vom niedersächsischen Kultusministerium erlassenen verbindlichen Wahlmodule, um eine optimale Vorbereitung auf das Abitur zu ermöglichen. Dabei sind die **Lehrplaninhalte** jeweils auf einer **Doppelseite** prägnant in Stichpunkten dargestellt. Auf diese Weise lassen sich die zentralen Aspekte schnell erfassen und leichter merken.
  - Das erste Kapitel behandelt die **„American Revolution“**, also **Amerikas Weg in die Unabhängigkeit**. Es geht dabei sowohl auf die Vorgeschichte und den Verlauf der „American Revolution“ ein als auch auf deren Folgen.
  - Das Kapitel zur **„Völkerwanderung“** umfasst deren Vorgeschichte und Verlauf sowie die Etablierung des Ostgotenreichs in Italien und die Expansion des Frankenreichs der Merowinger. Außerdem wirft es einen Blick auf die Rezeption der „Völkerwanderung“ in Deutschland und Frankreich im Laufe der Jahrhunderte bis heute.
  - Das dritte Kapitel konzentriert sich auf das **deutsch-polnische Verhältnis** im 19. und 20. Jahrhundert. Es geht zunächst auf die Ursprünge Polens ein und betrachtet auf separaten Doppelseiten sowohl die deutsche als auch die polnische Nationalbewegung des 19. Jahrhunderts. Anschließend wendet es sich den deutsch-polnischen Beziehungen vom Kaiserreich bis nach dem Ersten Weltkrieg zu und thematisiert dann die Zeit des Nationalsozialismus. Auf einer letzten Doppelseite wird das deutsch-polnische Verhältnis nach 1945 beleuchtet.
  - Das letzte inhaltliche Kapitel (nur relevant für das Abitur 2022) beschäftigt sich mit Themen der **Geschichts- und Erinnerungskultur**. Dabei gibt es sowohl einen Überblick über gängige Theoriemodelle als auch über ausgewählte nationale Gedenk- und Feiertage.
  - Abgerundet wird das Büchlein durch vier **Geschichtskarten**, die dabei helfen, die gelernten Ereignisse geografisch zu verorten. Die drei Karten zur Völkerwanderungszeit zeigen die Ausmaße des West- und des Oströmischen Reichs im Jahr 395, die Ausbreitung der Germanen im Jahr 476 sowie die fränkische Expansion unter Childerich und Chlodwig. Die vierte Karte veranschaulicht die drei Teilungen Polens im 18. Jahrhundert.

Der STARK Verlag wünscht Ihnen bei der Arbeit mit dem Buch viel Freude und für das Abitur viel Erfolg!

Amerikanische Unabhängigkeit

Auf einen Blick

Krise der britischen Kolonialherrschaft

Maßnahmen der britischen Regierung	Reaktionen der Kolonien
• Sugar Act und Currency Act (1764)	→ Zorn über wirtschaftliche Benachteiligung
• Stamp Act (1765)	→ Stempelsteuer-Unruhen → Stempelsteuerkongress („No Taxation without Representation“)
• Stationierung britischer Regimenter in Boston (1768)	→ „Massaker von Boston“
• Teegesetze (1773)	→ „Boston Tea Party“
• „Zwangsgesetze“ (1773)	→ Formierung einer interkolonialen Widerstandsbewegung

zunehmende Frontstellung zwischen dem britischen Mutterland und seinen nordamerikanischen Kolonien

Gesellschaft in den Kolonien

- 16.–18. Jahrhundert: Entstehung von **13 britischen Kolonien** an der Ostküste Nordamerikas als Siedlungskolonien → zunächst „**wohlwollende Vernachlässigung**“ von britischer Seite und **weitgehende Selbstverwaltung** der Siedler
- später verstärktes Interesse der englischen Regierung an Kolonien → **zunehmende Anzahl königlicher Kolonien** mit Gouverneur (Vertreter der Krone), Council (ernannter Rat) und Assembly (gewählte Versammlung mit Finanzhoheit) = Angleichung der politischen Strukturen innerhalb der einzelnen Kolonien
- **Glorious Revolution** 1688/89 in England: Verschiebung des politischen Gleichgewichts durch Stärkung der Rechte des Parlaments gegenüber dem König → **Verbesserung der Position der Assemblies** in den Kolonien, was Herrschaft im Sinne der britischen Kolonialpolitik erschwert
- wachsende Besiedlung der englischen Kolonien → **Ausdehnung nach Westen** und zunehmende Eigenständigkeit
- je nach Region **unterschiedliche Entwicklung** der Kolonien:
  - **Neuengland** im Norden: Fischerei, Schiffbau und Überseehandel der Puritaner; kapitalkräftiges Bürgertum in den Hafenstädten, v. a. Boston und Philadelphia
  - **Kolonien am mittleren Atlantik um Pennsylvania:** Kornkammern Nordamerikas
  - **Süden:** Pflanzeraristokratie, die Sklaverei betreibt
- relative Isolation der weit verstreuten Siedlungen → **hoher Stellenwert von Eigenverantwortung** und Eigeninitiative
- schleichende **Erosion der britischen Macht** in amerikanischen Kolonien

„French and Indian War“ (1754–1763)

- 1752/53: **Konkurrenz um Kolonien zwischen England und Frankreich** → auf beiden Seiten Errichtung von Forts und erste kriegerische Auseinandersetzungen in Nordamerika
- **Bündnisse** der Kolonialmächte **mit** befreundeten „**Indianerstämmen**“ („French and Indian War“; in Europa bezeichnet als „Siebenjähriger Krieg“ 1756–1763: Kolonialkonflikt als Teil des Kampfes zwischen Preußen/England und Österreich/Frankreich um Vorherrschaft in Europa)

- jahrelange **verlustreiche Kämpfe**, bei denen auf britischer Seite auch Bewohner der Kolonien als Soldaten eingesetzt werden
- **Sieg Großbritanniens** → Frieden von Paris 1763: Frankreich muss seine Kolonien (Kanada) an Großbritannien abtreten = **Verdrängung Frankreichs** vom nordamerikanischen Kontinent → Großbritannien auf dem Höhepunkt seiner Macht in Nordamerika
- **Staatsverschuldung** in Großbritannien durch Kriegskosten → Streben nach stärkerer **Kontrolle** sowie nach **Beteiligung der Kolonien an Finanzierung** ihrer Verwaltung
- **Stationierung britischer Truppen** in Nordamerika

Krise der britischen Kolonialherrschaft (1763 –1775)

- **Königliche Proklamation** vom 7. Oktober 1763: Festlegung des Hauptkamms der Appalachen als westliche Grenze für Besiedlung, um Konflikte zwischen Siedlern und der indigenen amerikanischen Bevölkerung zu vermeiden → **häufige Missachtung durch Kolonisten**, die Gesetz als unzulässigen Eingriff in ihre Freiheit empfinden
- 1764: Amerikanisches Fiskalgesetz (American Duties Act, bekannt als **Sugar Act**) zur **schärferen Kontrolle der erhobenen Zölle** für nach Amerika eingeführte Produkte; Währungsgesetz **(Currency Act)** mit Verbot, Papiergeld auszugeben und Schulden in Kolonialwährung zu begleichen → **Zorn der Kolonisten** über wirtschaftliche Benachteiligung und Eingriff in ihre Rechte
- 1765: Einquartierungsgesetz **(Quartering Act)** über Pflicht zur Unterstützung der britischen Truppen; Stempelsteuergesetz **(Stamp Act)** über Besteuerung öffentlicher Schriftstücke → zunehmende, zum Teil auch radikale Proteste **(Stempelsteuer-Unruhen):** Bildung von **Geheimorganisationen** („Sons of Liberty") und zunehmende **Politisierung** der Bevölkerung
- erste Bemühungen um kolonienübergreifende Zusammenarbeit und **Koordination des Widerstands** auf **Stempelsteuerkongress:** Forderung nach Rücknahme des Stempelsteuergesetzes → Begründung: Stempelsteuer als „verfassungswidrig" angesehen, weil Kolonien nicht im Parlament von Westminster vertreten sind **(„No Taxation without Representation")**
- **Importboykott** der Kaufleute von New York, Philadelphia und Boston sowie Blockade der neuen Zolleinrichtungen → 1766: **Rücknahme des Stempelsteuergesetzes**, aber Bekräftigung des Rechts, jedwedes Gesetz für Kolonien erlassen zu können **(Declaratory Act)**
- Verschärfung der Krise durch **Townshend-Gesetz** von 1767: Erhebung von **Einfuhrzöllen** und Übertragung weitreichender Vollmachten auf Zollbeamte → **Massenproteste und weitere Importboykotte**
- 1. Oktober 1768: **Stationierung zweier britischer Regimenter** in Boston → 5. März 1770: Tötung von fünf Demonstranten durch britische Soldaten **(„Massaker von Boston")** → britische Regierung ist gezwungen, Soldaten abzuziehen und Townshend-Zölle aufzuheben
- ab 1771: Entstehung von **Korrespondenzkomitees** in Kolonien, um Kommunikation untereinander zu erleichtern
- Mai 1773: Verabschiedung des **Teegesetzes**, um drohenden Bankrott der „East India Company" abzuwenden → Aufruf zum Boykott des Tees in Kolonien → Weigerung des Gouverneurs, Teeschiffe nach England zurückzuschicken, woraufhin als „Indianer" verkleidete Männer in Schiffe eindringen und Tee ins Meer werfen **(„Boston Tea Party")**
- Beschluss von **drakonischen Maßnahmen** („Zwangsgesetzen") als Reaktion auf „Boston Tea Party", z. B. Auflösung der Abgeordnetenhäuser in einzelnen Kolonien

→ Mobilisierung der kolonialen Elite und **Formierung einer interkolonialen Widerstandsbewegung:** Importboykotte, Wahl von Delegierten für Kontinentalkongress

Auf einen Blick

George Washington

Verlauf der „American Revolution“

Ursachen

zunehmende Einmischung der britischen Regierung in Belange der Kolonien:

- finanzielle Belastung der Kolonien durch britische Besteuerung
- Begrenzung des Besiedlungsgebiets

Anlass

- „Boston Tea Party“ (1773) → „Zwangsgesetze“

Verlauf

- Erster Kontinentalkongress (1774) → Erklärung der Rechte der Kolonisten
- Ausbruch des Unabhängigkeitskriegs
- Zweiter Kontinentalkongress (1775 – 1781) → Staatenverfassungen
- Unabhängigkeitserklärung (4.7.1776)
- Anerkennung der amerikanischen Unabhängigkeit im Friedensvertrag von Paris (3.9.1783)

Folgen

- Gründung der Vereinigten Staaten in Articles of Confederation (1781)
- Ausarbeitung einer neuen Verfassung (1787)
- Wahl George Washingtons zum ersten Präsidenten der USA (1789)

Erster Kontinentalkongress 1774

- **Teilnehmer:** Delegierte aus zwölf der dreizehn Kolonien
- **Veranstaltungsort:** Philadelphia
- Herausbildung von zwei Gruppen:
  - **Radikale (Patrioten):** kompromisslose Haltung gegenüber Großbritannien
  - **Gemäßigte (Loyalisten):** Versuche, durch Union mit Großbritannien Kluft zwischen den Kolonien und dem Mutterland zu überwinden
- Allianz zwischen Anhängern der „Sons of Liberty“ und radikalerer Mittelschicht: Bekenntnis zur Volkssouveränität und **Ablehnung der britischen Zwangsgesetze** als verfassungswidrig
- 1. Oktober 1774: **Erklärung der Rechte der Kolonisten** (Vorwegnahme der späteren Unabhängigkeitserklärung), v. a. Betonung der Rechte auf Leben, Freiheit und Eigentum
- **Beschlüsse:** Solidarität der Kolonien untereinander; **Handels- und Konsumboykott**, Volksbewaffnung in allen Kolonien

Zweiter Kontinentalkongress (1775 –1781)

- Übernahme der **Aufgaben einer nationalen Regierung:**
  - Ausrufung des **Verteidigungszustands** für alle Kolonien
  - Überwachung der Einhaltung der **Boykottbeschlüsse**
  - Aufstellung einer **Kontinentalarmee** unter dem Oberbefehl von George Washington
- **Kriegsziele der Amerikaner:** zunächst nur **Verteidigung der Rechte** der Kolonisten und Aussöhnung mit Großbritannien (Palmzweig-Petition an George III.), erst ab 1776 Forderung nach **Unabhängigkeit**
- 1776: Empfehlung an Provinzialkongresse der einzelnen Kolonien, neue Verfassungen auszuarbeiten ⟶ Inhalte der meisten **Staatenverfassungen** stellen Kompromiss zwischen revolutionären Prinzipien und politischen Erfahrungen der Kolonialzeit dar

- **Gewaltenteilung** zwischen **Zweikammerparlament** (Repräsentantenhaus und Senat) und **Gouverneur** als Chef der Exekutive
- erst **allmähliche Durchsetzung der Judikative** als unabhängige dritte Kraft
- **Begrenzung der Amtszeiten**, um Bürger vor Machtmissbrauch zu schützen
- an Besitz gebundenes **Zensuswahlrecht**
- **Grundrechteerklärungen**
- in **Pennsylvania** kurzzeitig **radikaldemokratische Verfassung**, 1790 aber Angleichung an übrige Verfassungen

Unabhängigkeitserklärung (Declaration of Independence)

- Januar 1776: Erscheinen der politischen **Flugschrift *Common Sense*** von Thomas Paine, die für die dreizehn Kolonien die **Unabhängigkeit** fordert → weite Verbreitung und große Popularität
- **4. Juli 1776:** Billigung der von Thomas Jefferson verfassten **Unabhängigkeitserklärung** (Declaration of Independence) des Kontinentalkongresses durch die Delegierten → heutiger Nationalfeiertag der USA am 4. Juli
  - **Gleichheitspostulat** („all men are created equal") im Sinne der Rechtsgleichheit → **unveräußerliche Rechte des Menschen:** Leben, Freiheit und Streben nach Glück
  - **Volkssouveränität:** Pflicht der Regierungen, Rechte der Bürger zu sichern → Möglichkeit, eine Regierung bei Zuwiderhandeln abzusetzen
  - **Begründung der Unabhängigkeit** mit Tyrannei des Königs gegenüber seinen Untertanen in den Kolonien → Forderung nach völkerrechtlicher Anerkennung als souveräne Nation

Kriegsverlauf

- April 1775: **erste Gefechte** zwischen britischen Truppen (auf dem Weg zur Aushebung eines amerikanischen Waffenlagers) und amerikanischen Milizsoldaten bei Lexington und Concord in Massachusetts = faktischer Beginn des Kriegs
- militärisches und strategisches **Ungleichgewicht:**
  - **Amerikaner:** meist **unerfahrene** und schlecht ausgerüstete Farmer, aber strategische und motivationstechnische Vorteile durch **Verteidigungskampf** im eigenen Territorium
  - **Briten:** führende **Militärmacht** der Welt, aber Schwierigkeit, riesiges Land militärisch zu erobern und zu sichern; **logistische Probleme** wegen Aufrechterhaltung langer Nachschublinien über den Atlantik
- **Guerillataktik der Amerikaner** → Siege in zwei **kriegsentscheidenden Schlachten** (Saratoga 1777, Yorktown 1781) wegen mangelnder Zusammenarbeit der britischen Befehlshaber
- **Unterstützung der Amerikaner durch Frankreich, Spanien und die Niederlande** ↔ Unterstützung Großbritanniens durch deutsche Söldner
- nicht nur konventioneller Krieg, sondern **auch Bürgerkrieg** zwischen revolutionären (Patrioten) und königstreuen Amerikanern (Loyalisten)
- April 1782: Beginn von **Friedensverhandlungen in Paris**
- 3. September 1783: **Friedensvertrag von Paris**
  - völkerrechtliche **Anerkennung der amerikanischen Unabhängigkeit** durch Großbritannien → **Abzug der britischen Truppen** sowie **Auswanderung der Loyalisten** nach Großbritannien, Kanada oder in andere britische Kolonien
  - Abtretung des gesamten **Gebiets zwischen Appalachen und Mississippi an die USA**

Auf einen Blick

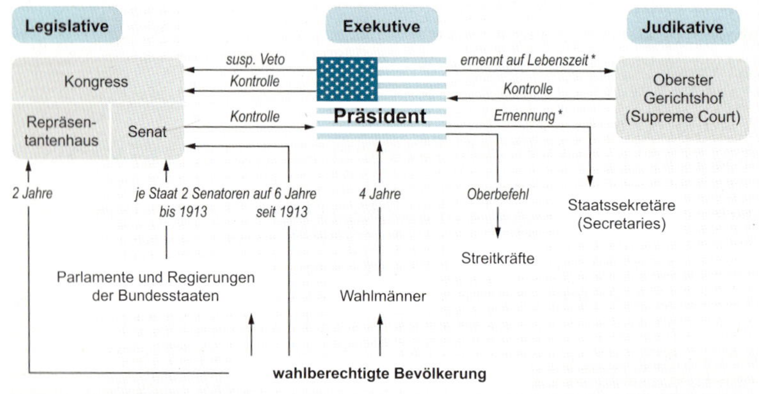

Amerikanische Verfassungsentwicklung

- Konsens in der **Ablehnung des britischen Modells:** keine Monarchie oder Aristokratie
- **Verfassung als höherrangiges Gesetz** und Grundlage jeder späteren Gesetzgebung, um Freiheit des Einzelnen dauerhaft vor staatlichen Übergriffen zu schützen
- strikte Verwirklichung des Prinzips der **Gewaltenteilung in Legislative, Exekutive und Judikative** zur gegenseitigen Kontrolle
- Hinzufügung einer **Menschenrechtserklärung** (Vorbild: Virginia Bill of Rights von Juni 1776)
- Gedanke des **Gleichgewichts als Kern** der Verfassung → Abkehr von radikaldemokratischer Form und Bevorzugung indirekter Wahlen
- 1781: **erste Bundesverfassung** (Articles of Confederation) → Einzelstaaten werden zu **Vereinigten Staaten: loser Staatenbund** mit weitgehenden Souveränitätsrechten der Einzelstaaten
- 1783: **Krisenstimmung** aufgrund von wirtschaftlicher Rezession, Handlungsunfähigkeit des Kongresses, Rebellionen und Parteienkämpfen in den Einzelstaaten → Ruf nach **Revision der Konföderationsartikel**
- Mai 1787: **Zusammentreten eines Konvents**, bestehend aus 55 Delegierten aller dreizehn Staaten außer Rhode Island, um Konföderationsartikel zu überarbeiten
- 17. September 1787: **Verabschiedung** einer neuen, vom Konvent ausgearbeiteten **Verfassung**
  - Grundsätze der **Gewaltentrennung**, des **Gleichgewichts**, der **eingeschränkten Regierung** und der **Sicherung der Freiheit**
  - Vereinigte Staaten als **Bundesstaat:** nur Abgabe von so viel Souveränität, wie Bund zur Wahrnehmung seiner Aufgaben benötigt, aber **Bundesrecht steht über Recht der Einzelstaaten** („supreme law of the land“)
  - indirekt gewählter **Präsident als Chef der Exekutive**
  - **Kongress** aus zwei Kammern **als Legislative: Repräsentantenhaus** (jeder Staat gemäß seiner Bevölkerungszahl vertreten) und **Senat** (zwei Senatoren pro Staat)
  - **Judikative:** Bundesgerichtswesen mit **Supreme Court** an der Spitze

  → **unterschiedliche Reaktionen** auf Verfassungsentwurf (Pro: **Federalists** ↔ Kontra: **Anti-Federalists**) → **zahlreiche Verteidigungsschriften**, u. a. *The Federalist Papers* von James Madison, Alexander Hamilton und John Jay

→ bis 1788: **Ratifizierung der Verfassung** durch erforderliche Mehrheit der Einzelstaaten
→ 1789: Wahl **George Washingtons** zum **ersten Präsidenten** der USA
→ Verabschiedung einer **Grundrechteerklärung** (Bill of Rights) durch ersten Bundeskongress

Bewertung der Revolution

Errungenschaften der Revolution

- Herausbildung einer **amerikanischen Identität** und Entstehung einer **öffentlichen Meinung**
- Verwirklichung des Gedankens der **Volkssouveränität**
- geschriebene **Verfassungen als höheres Recht** auf Bundesebene und in Einzelstaaten
- Festschreibung **persönlicher Freiheitsrechte in Grundrechteerklärungen**
- erste **Erklärung der Menschenrechte** → Vorbild für weitere Verfassungen
- **Gewaltenteilung und wechselseitige Kontrolle** (checks and balances) zwischen Regierungsorganen sowie zwischen Bund und Einzelstaaten in **föderalistischem System**
- Herausbildung einer **pluralistischen politischen Kultur** auf dem Boden einer gemeinsamen konstitutionellen Ordnung und eines **fundamentalen Wertekonsenses**
- Ablösung traditioneller hierarchischer und patriarchalischer Gesellschafts- und Ordnungsvorstellungen durch **Konzept einer egalitären staatsbürgerlichen Gesellschaft** → Betonung von Gleichheit, Individualität und Privatheit

Grenzen der Revolution

- nur **weiße**, überwiegend reiche **Männer als Profiteure** der revolutionären Errungenschaften
- nur **geringfügige soziale Umwälzungen** durch Amerikanische Revolution
- weiterhin vorherrschende Auffassung, dass Expansion der Siedlungsgebiete Vorrang habe und betroffene „Indianerstämme" sich assimilieren oder zurückweichen müssten → **keine Verbesserung der Lage der indigenen amerikanischen Bevölkerung**
- **schwarze Sklaven** bleiben von Freiheits- und Gleichheitspostulaten **weitgehend ausgeschlossen**, durch Schutz der Eigentumsrechte sogar eher Zementierung der Sklaverei im Süden
- auch **weiße Frauen zunächst ausgeschlossen**

ABER: Rhetorik der Revolution bietet benachteiligten Gruppen Anknüpfungspunkte, um ihre eigenen Rechte einzufordern, sodass Unabhängigkeitserklärung langfristig auch für sie befreiende Wirkung entfaltet

Rezeption der Gründungsphase

- bereits Anfang des 19. Jahrhunderts: Interpretation von Steuerstreit und Unabhängigkeitskrieg als **Kampf um** individuelle **Freiheit und Selbstbestimmung** → heutiges **Selbstverständnis der USA** als Vorreiter in Bezug auf Freiheit, Demokratie und Selbstverwirklichung
- Deutung der Revolution als Gründung einer Nation mit stabilem modernen Staatswesen → Schaffung der Bundesverfassung als Höhepunkt der Revolution → Glaube an **Vorbildcharakter der neuen Republik** und an besondere **Mission der amerikanischen Nation**
- **Verherrlichung der „Gründerväter"** wie George Washington, Alexander Hamilton oder Thomas Jefferson als aufrechte und würdevolle Persönlichkeiten mit Vorbildcharakter
- **mythische Verklärung** im Medium des Films, z. B. *Der Patriot* (2000) mit Mel Gibson

Die „Völkerwanderung“

Auf einen Blick

Stilicho

Untergang des Weströmischen Reichs aus heutiger Sicht

→ Zusammenspiel mehrerer Faktoren, aber unterschiedliche Gewichtung

Dekadenztheorie (innere Schwäche)

Kontinuitätstheorie (kein Bruch, sondern allmählicher Wandel)

Katastrophentheorie (Einfälle der „Germanen“)

sozioökonomische Theorie (wirtschaftliche Verelendung)

zwei übergeordnete Forschungsrichtungen:

- Zusammenbruchstheorie: Gewaltakte von außen und Vereinnahmung römischer Strukturen durch „Germanen“ → Untergang Roms
- Transfomationsansatz: „Völkerwanderung“ nur Anzeichen für grundsätzlichen Wandel der antiken Welt, aber Kontinuitäten in Politik und Alltagsleben

Krise des Römischen Reichs

- Beginn der **Schwierigkeiten** bereits unter Kaiser Marc Aurel (161–180):
  - **Druck auf Reichsgrenzen** durch Germanen im Norden → Markomannenkriege (167–180)
  - Verschlechterung der wirtschaftlichen Lage und Gefährdung der Finanzen durch **wachsende Heeresausgaben**
  - Dezimierung der Bevölkerung durch mehrere **Epidemien**
  - **Bürgerkriegsgefahr:** Unterdrückung einzelner Heeresabteilungen, die Kommandeure zu Kaisern ausrufen
- Züge einer Militärmonarchie unter Kaiser Septimius Severus (193–211) → **Aufstiegsmöglichkeiten für verdiente Soldaten** auch ohne Zugehörigkeit zum Senatorenstand
- unter Kaiser Diokletian (284–305) Begründung der **Tetrarchie** (Viererherrschaft mit zwei älteren und zwei jüngeren Herrschern als Stellvertretern, die nach zwanzig Jahren nach oben aufrücken), um Reichseinheit zu stabilisieren, ABER: **Scheitern** der Tetrarchie **an Machtkämpfen**
- 3. Jahrhundert: schwere **innere und äußere Krise**
  - **Verstärkung der äußeren Bedrohung** des Reichs → Einfall der Alamannen, Franken und Goten, denen **teilweise Ansiedlung auf römischem Boden** erlaubt wird
  - wegen **Mangel an Soldaten** teilweise Rückgriff auf **nichtrömische Hilfstruppen** → Möglichkeit für Nichtrömer, im römischen Heer Karriere zu machen
  - Legitimation des Kaisers über Akklamation durch das Heer **(„Soldatenkaiser“)** → Wegfallen der dynastischen Erbfolge und der Zustimmung des Senats = **Schwächung der Zentralgewalt** → **Militär** wird zu bedeutendem **Machtfaktor**
  - Herkunft zahlreicher **Kaiser aus Provinzen** → **Bedeutungsverlust für Rom** als Zentrum

Der Weg zur Reichsteilung

- 330: **Gründung Konstantinopels** als zweites Machtzentrum neben Rom
- 375: **Einfall** eines nomadischen Reiterverbands **der Hunnen** in ostgermanische Siedlungsgebiete → **Verdrängung der ostgermanischen Stämme** in den Westen, wo sie Grenzen des Römischen Reichs überschreiten und sich teilweise auf römischem Boden niederlassen

- 376–378: **Rebellionen gegen römische Verwaltung** und Plünderung römischer Landstriche durch Goten und ihre Verbündeten → 378: Sieg der „Rebellen" über die Römer in der **Schlacht bei Adrianopel**
- 382: **Ansiedlung der Goten als Föderaten** in Thrakien durch oströmischen Kaiser Theodosius I.
  - legitimer Rechtsstatus der Goten als **Reichsangehörige**, aber Verbot der Heirat mit Römern
  - **Zuteilung von Land** und Jahreszahlungen an Goten
  - Befreiung von Steuern, aber **Verpflichtung zum Militärdienst** (häufiger Rückgriff der Römer auf Föderaten bei Landesverteidigung)
  - Anerkennung des Kaisers, aber Beibehaltung **eigener Anführer** und Rechtsgewohnheiten

  → Entstehung eines **relativ autonomen gotischen Herrschaftsgebiets** innerhalb der Grenzen des Imperium Romanum
- 395: faktisch definitive **Teilung des Reichs in Ostrom und Westrom** nach Tod von Theodosius I. *(s. Karte S. 36)* → **Zerfall des Weströmischen Reichs** im Zuge der „Völkerwanderung" ↔ **Bestehenbleiben des Oströmischen Reichs** bis zur Eroberung durch die Türken 1453

Ende des Weströmischen Reichs

- 394: **Unterstützung des Kaisers Theodosius I. durch Westgoten** gegen Usurpator Eugenius, aber keine angemessene Würdigung des Westgotenkönigs Alarich I. trotz hoher Verluste aufseiten der Goten
- 395: Tod von Theodosius I. → **Ende von Föderatenstatus der Westgoten**
- 395: Eindringen der Hunnen in Siedlungsgebiet der Westgoten auf römischem Boden → **Plünderungszug der Westgoten unter Alarich I.** durch Römisches Reich, bis sie 397 wieder zu Föderaten gemacht werden und Siedlungsland in Makedonien erhalten
- 401: erneute **Westwanderung der Westgoten** unter Alarich I. und Einmarsch in Italien → **Belagerung der weströmischen Kaiserresidenz Mailand**, die daraufhin nach Ravenna verlegt wird → 402: **Abwehr** der Westgoten **durch** römische Truppen unter **Heerführer Stilicho** (selbst germanischer Abstammung)
- 408: Tod Stilichos → erneuter Einfall der Westgoten unter König Alarich: **Belagerung und Plünderung Roms** (410), ABER: Westgoten können sich nicht dauerhaft in Italien festsetzen
  - 418: stattdessen Gründung des **Tolosanischen Reichs** im Südwesten Galliens *(s. Karte S 37)*
  - 507: Gebietsverluste an Franken unter Chlodwig I. → **Toledanisches Reich** im heutigen Spanien *(s. Karte S. 37)* → 711: **Ende des Westgotenreichs** im Zuge der muslimischen Expansion
- Einwanderung weiterer Germanenstämme in Römisches Reich → Entstehung eigenständiger **germanischer Herrschaftsgebiete** (oft mit Übernahme römischer Institutionen und römischen Rechts) **auf weströmischem Boden** *(s. Karte S. 37)*
- teilweise offizielle Ansiedlung der **Germanen als Föderaten**, die Waffenhilfe leisten müssen → 451: gemeinsame Abwehr der Hunnen in der **Schlacht auf den Katalaunischen Feldern**
- zunehmende Abhängigkeit der weströmischen Kaiser von obersten Heermeistern, die Grenzsicherung gewährleisten → häufige Herrscherwechsel und **Machtlosigkeit der Kaiser**
- 475: **Rebellion des Heermeisters Orestes** gegen weströmischen Kaiser Julius Nepos → Ausrufung von Orestes' Sohn **Romulus** (als „Augustulus" = Kaiserlein verspottet) zum **Kaiser**
- 476: **Ausrufung des Germanen Odoaker** durch seine Soldaten **zum König**, der Orestes stürzt und Romulus entmachtet *(s. Karte S. 37)* → faktisches **Ende des Weströmischen Reichs**
- zunächst **Akzeptanz von Odoakers Machtübernahme durch oströmischen Kaiser** Zenon

Auf einen Blick

Theoderichs „Integration durch Separation“

RÖMER

Ziel Theoderichs: Zusammenarbeit mit römischen Eliten

- Ausübung ziviler Ämter in Politik und Verwaltung durch römische Eliten
  → Beibehaltung von Senat und Konsuln
- keine schmerzhaften Landverluste
- Rechtsprechung durch rechtskundige Römer
- respektvoller Umgang Theoderichs mit katholischem Glauben

OSTGOTEN

Ziel Theoderichs: weiterhin enge Verbundenheit mit gotischen Kriegern

- gotische Militärverwaltung: stehendes Heer aus ostgotischen Kriegern
  → Schutz des Landes
- Siedlung auf Land von Odakers Gefolgsleuten
- Rechtsprechung durch Gotengraf
- Beibehaltung des ostgotischen Arianismus

Zusammenleben in einem Gemeinwesen, aber getrennte Aufgaben und Positionen
→ keine Verschmelzung zu einem Volk

Aufstieg Theoderichs zum römischen Heermeister und Herrscher in Italien

- 447: **Einfall des Hunnenkönigs Attila in Oströmisches Reich** und Plünderungszug mithilfe unterworfener Gegner (u. a. auch Goten)
- 453: Tod Attilas → Abspaltungs- und Auflösungserscheinungen bei unterworfenen Völkern → **Befreiung der Ostgoten von hunnischen Herrschern**
- 474: Aufstieg des Ostgoten **Theoderich** zum **König der Ostgoten**
- ab 476 bis 487 (mit Unterbrechungen): **Theoderich als römischer Heermeister** im Dienste des oströmischen Kaisers Zenon → zunehmende **Vergrößerung von Theoderichs Heeresverband** = unkontrollierbare Bedrohung für Zenon
- 488: **Beauftragung Theoderichs** durch Zenon, **Herrschaft des Germanen Odoaker in Italien zu beenden** und bis zur Ankunft des Kaisers als dessen Stellvertreter zu regieren
- verlustreiche **Kämpfe** und zweijährige **Belagerung Ravennas** durch Theoderich („Rabenschlacht“) → 493: **vorläufige Einigung mit Odoaker** über gemeinsame Herrschaft
- 493: **Ermordung Odoakers** durch Theoderich → **Übernahme der alleinigen**, letztlich dauerhaften **Herrschaft in Italien** (s. *Karte S. 37*)

Das Ostgotenreich in Italien unter Theoderich

- Ausrufung Theoderichs ohne Beteiligung Konstantinopels zum König über Goten und Römer in Italien = Ausdruck seiner **selbstständigen Herrschaft trotz Verzicht auf Kaisertitel**
- 497: unter Zenons Nachfolger Anastasios **Rücksendung der weströmischen Herrschaftsinsignien** in den Westen → Deutung umstritten: entweder Zeichen der **Anerkennung** von Theoderichs Herrschaft **oder Aufforderung** an Theoderich, neuen weströmischen Kaiser zu erheben
- **Ostrom akzeptiert Konkurrenz** im Westen aufgrund fehlender Machtmittel
- 507: Eroberung von Teilen des Westgotischen Reichs durch Frankenkönig Chlodwig → **Rückeroberung der Gebiete durch Theoderich** und 511 Übernahme des Toledanischen Reichs
- 524/25: in Endphase von Theoderichs Herrschaft **Hinrichtung des hohen römischen Beamten** und Gelehrten **Boethius**, den Theoderich fälschlicherweise des Hochverrats bezichtigt → **Spannungen zwischen Römern und Goten** sowie mit Ostrom

- 526: **Tod Theoderichs** → Kämpfe um seine Nachfolge → **Pläne des oströmischen Kaisers** Justinian I., **Römisches Reich wiederherzustellen** („Restauratio/Renovatio imperii") → Beauftragung seines Feldherrn Belisar mit Kampf gegen Ostgoten
- 535–552: jahrelange **Kriege zwischen Ostrom und Ostgoten** → 552: **vollständige Niederlage der Ostgoten** und Ende ihrer Herrschaft in Italien
- wiederhergestellte **oströmische Herrschaft in Italien nicht von Dauer** → 568: Einbruch der Langobarden in Italien und **Gründung des langobardischen Königreichs** als Abschluss der „Völkerwanderung" und Ende der Antike in Italien

Theoderichs Herrschaftsverständnis

Strategie der **„selbstbewussten Unterwerfung":** kein anmaßendes Verhalten gegenüber oströmischem Kaiser und **Vermeidung einer Machtkonkurrenz**, aber durchaus Herrschaft nach eigenen Vorstellungen und Interessen (**Einnehmen einer kaisergleichen Rolle** durch Theoderich)

- **Verzicht Theoderichs auf Prägung von Münzen** mit seinem Antlitz als Zeichen der offiziellen Unterwerfung unter amtierenden oströmischen Kaiser
- **Regierung mittels Edikten** statt Erlass neuer Gesetze (= alleiniges Recht des Kaisers)
- Herrschaftsrepräsentation durch **Bautätigkeit** Theoderichs
- Nachahmung römischer Außenpolitik: Versuch der **Herrschaftsabsicherung durch intensive Heirats- und Adoptionspolitik** sowie Bündnisse mit anderen Germanenreichen, ABER: **Scheitern an Expansionsbestrebungen der** von Ostrom anerkannten fränkischen **Merowinger**

Soziale und rechtliche Beziehungen zwischen Goten und Römern

- **Ziele** Theoderichs: Konsens und **Zusammenarbeit mit römischen Eliten**, zugleich aber Aufrechterhaltung der unbedingten **Verbundenheit mit gotischen Kriegern**
- Bemühungen Theoderichs um Konsolidierung seiner Herrschaft durch **Verzahnung von ostgotischen und römischen Herrschaftsvorstellungen** → **„Doppelstaat"** ohne Vermischung der gotischen und römischen Gruppenidentitäten
  - aus Heer rekrutierte **gotische Militärverwaltung:** Schutz des neu erworbenen Landes durch **stehendes Heer** aus ostgotischen Kriegern
  - **Ausübung der zivilen Ämter** in Politik und Verwaltung weiterhin **durch** lateinischsprachige **römische Eliten** → Beibehaltung von Senat und Konsuln, aber paralleler Einsatz von gotischen Beamten in Siedlungsgebieten der Ostgoten
  - **Ansiedlung der Ostgoten auf Land von Odoakers Gefolgsleuten** → keine schmerzhaften Verluste für römische Eliten
  - **juristische Gleichberechtigung:** getrennte Rechtsprechung über Goten und Römer durch rechtskundigen Angehörigen der eigenen Volksgruppe (Gotengrafen oder römischen Rechtsgelehrten), aber gemeinsame Verhandlung, wenn beide Gruppen beteiligt sind
  - **Toleranz in Glaubensfragen:** keine Maßnahmen, um ostgotischen Arianismus (= Ablehnung der göttlichen Natur Christi) in Italien durchzusetzen, stattdessen respektvoller Umgang mit Vertretern der katholischen Kirche

→ **„Integration durch Separation":** Zusammenleben von Römern und Ostgoten in einem Gemeinwesen, aber getrennte Aufgaben und Positionen beider Gruppen in der Gesellschaft → **keine Verschmelzung zu einem Volk** beabsichtigt

Auf einen Blick

Fränkisches Königtum unter Chlodwig

RÖMER
- Bestätigung von Chlodwigs Herrschaft durch oströmischen Kaiser → Legitimation
- Zusammenarbeit Chlodwigs mit gallo-römischer Oberschicht, v. a. mit Bischöfen
- Rechtsprechung nach römischem Recht (Codex Theodosianus)
- Anhänger des Katholizismus

FRANKEN
- Anerkennung Chlodwigs als erfolgreichen Heerkönig
- Verwaltung des Reichs innerhalb römischer Strukturen durch regionale fränkische Beamte
- Rechtsprechung nach fränkischem Recht (Lex Salica)
- Übertritt Chlodwigs zum Katholizismus → Christianisierung der Franken

im Laufe der Jahrhunderte sprachliche und kulturelle Verschmelzung von Römern und Franken

Errichtung des Frankenreichs durch die Merowinger

- zweite Hälfte des 3. Jahrhunderts: **Überfälle von** als **Franken** bezeichneten, rechtsrheinischen germanischen Gruppen auf römische Provinzen
- 358: **Ansiedlung** einer fränkischen Teilgruppe **als Föderaten** im nördlichen Gallien (heutige Südniederlande) → Einsatz als loyale **Hilfstruppen für Römer** bei Grenzverteidigung
- **Childerich** als erster historisch bezeugter Fürst der Franken, von dem alle späteren Merowinger abstammen: **germanischer Heerkönig** und Amtsträger im Römischen Reich
- 482: Tod Childerichs, der seinem Sohn **Chlodwig** Königtum vererbt → ständige **Machterweiterungen** durch **Kriegszüge** in Gallien (*s. Karte S. 38*) und Heiratspolitik:
  - 486: **Sieg über letzten galloromanischen Herrscher Syagrius** → Chlodwig neuer Herr über Gallorömer als Nachfolger des weströmischen Kaisers
  - langjährige **Auseinandersetzungen mit Alamannen** → erster entscheidender Sieg in der Schlacht bei Zülpich 496 → endgültige Unterwerfung 506
  - Machtzuwachs Chlodwigs gegenüber fränkischen Kleinkönigen, die sich ihm anschließen oder von ihm unterworfen werden → **Schaffung eines einheitlichen fränkischen Reichsgebiets**
  - 500: **Feldzug gegen Burgunderkönig** Gundobad im Namen von dessen Bruder → **Scheitern** Chlodwigs an Eroberung von Avignon, da Gundobad von Westgoten unter Alarich II. unterstützt wird
  - 507: Beginn eines großen **Feldzugs** der mittlerweile katholischen Franken **gegen arianische Westgoten** → 508: Eroberung von Toulouse (Hauptstadt der Westgoten) durch Franken
  - Absicherung der eroberten Gebiete durch **Heiratspolitik:** Vermählung Chlodwigs mit Nichte des Burgunderkönigs sowie Heirat von Ostgotenkönig Theoderich und Chlodwigs Tochter

→ **Ausdehnung des fränkischen Herrschaftsbereichs** fast über ganz Gallien und Begründung der Dynastie der **Merowinger** → **Frankenreich als mächtigster Nachfolgestaat auf ehemals weströmischem Boden** und Grundlage der politischen Ordnung des frühen europäischen Mittelalters

- 511: **Tod Chlodwigs** und **Aufteilung seines Reichs** unter seinen vier Söhnen

Bedeutung des Christentums für Chlodwigs Herrschaftsverständnis

- **Ziel: Akzeptanz der fränkischen Herrschaft** durch gallorömische Eliten
- 492/494: **Eheschließung Chlodwigs** mit katholischer Burgunderprinzessin Chrodehilde
- 496: **Sieg Chlodwigs** über Alamannen in blutiger Schlacht **bei Zülpich** (angeblich nach Bekehrungsversprechen)
- **Übertritt Chlodwigs zum katholischen Glauben durch Taufe** = Beseitigung des religiösen Gegensatzes zwischen Eroberern und katholischer provinzialrömischer Bevölkerung → **größere Akzeptanz der fränkischen Herrschaft**
- im Anschluss an Chlodwigs Taufe **Christianisierung der Franken** in katholischer Tradition
- Ausübung der weltlichen, **politischen Macht durch fränkische Aristokratie** unter Chlodwig
- **gallorömische Aristokratie als kirchliche Elite**

→ Eingliederung der Franken in römische Verwaltungsstrukturen

Staatsorganisation des Merowingerreichs

- **Bestätigung** der Herrschaft der Frankenkönige **durch oströmischen Kaiser:** Ernennung Chlodwigs zum Patricius (hoher Ehrentitel für engste Vertraute des Kaisers) und Ehrenkonsul
- Sicherung der Herrschaft durch **Zusammenarbeit mit zahlenmäßig überlegener gallorömischer Oberschicht**, v. a. mit Bischöfen
- erfolgreiche **Verbindung von römischen Verwaltungs- mit germanischen Herrschaftsstrukturen:**
  - Verwaltung des Reichs innerhalb der römischen Strukturen durch regionale **fränkische Beamte** (Grafen und Herzöge): **Gerichts- und Polizeiwesen**, Eintreibung von **Steuern**
  - Rückgriff auf Herrschaftskonzept des **germanischen Heerkönigs** als Beherrscher des Reichs
- **Königsschatz** als materielle Grundlage der Herrschaft: Ererbtes, Kriegsbeute, Steuern, Abgaben
- in Friedenszeiten Regierung in Form von **Reisekönigtum:** Entstehung von verschiedenen **Hofämtern**, z. B. Hausmeier (Organisator des Hofes), Pfalzgraf/Kämmerer (Unterstützung des Hausmeiers), Marschall (Pferdestall und Transportwesen), Schatzmeister (Königsschatz)
- zwischen 507 und 511: Niederschrift des fränkischen Rechts in **Lex Salica**, ABER: **kein einheitliches Recht** für Franken und Römer (römisches Recht: **Codex Theodosianus**)
- Förderung des **Zusammenwachsens der verschiedenen Reichsteile durch Kirchenpolitik:** Einberufung der Bischöfe des Reichs zu Konzil in Orléans 511

Ausblick auf die Zeit der Karolinger

- **Erbteilungen** und rivalisierendes Nebeneinander merowingischer Teilkönigreiche
- mit der Zeit **sich verselbstständigende Rolle des Hausmeiers** → Erlangung der Machtstellung eines Regenten → merowingische Könige nur noch Marionetten
- ca. 687: **Hausmeier Pippin II.** der Mittlere setzt sich gegen Rivalen durch und legt **Basis für Herrschaft der Karolinger**, deren Name sich von seinem Sohn **Karl Martell** ableitet
- 751: **Absetzung des letzten Merowingerkönigs** Childerich und Wahl von Martells Nachfolger **Pippin III.** zum König
- 754: **Vertrag von Quierzy** mit **Gründung des Kirchenstaats**, für den fränkische Könige Schutzherrschaft übernehmen = enge Verknüpfung mit Rom und dem Papsttum
- 768–814: **Regentschaft Karls des Großen** mit größter Ausdehnung und höchster Machtentfaltung des Frankenreichs → Höhepunkt: **Kaiserkrönung** am 25. 12. 800: Karl der Große als Nachfolger der weströmischen Kaiser (auf einer Stufe mit byzantinischem Herrscher)

Auf einen Blick

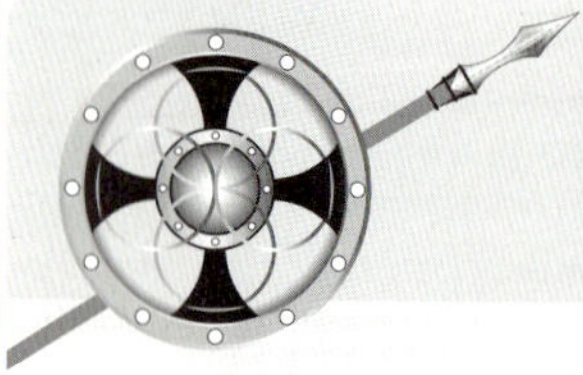

„Völkerwanderung" = unterschiedliche Wanderbewegungen heterogen zusammengesetzter Militär- und Personenverbände

ABER: unterschiedliche Deutung und Instrumentalisierung der historischen Ereignisse im Lauf der Jahrhunderte

Deutsche Deutungen

18. Jahrhundert	19. Jahrhundert	20. Jahrhundert	21. Jahrhundert
• Rom = dekadent und verweichlicht = Frankreich • Tapferkeit der „germanischen" Eroberer ▶ „Germanien" als Bollwerk gegen „neues Rom"	• Interpretation der Zerstörung Roms als erfolgreiche gesamtdeutsche Kraftanstrengung • Beseitigung des Römischen Reichs durch Germanen → neues Europa	• „Völkerwanderung" als Notwendigkeit eines „rassisch hochwertigen" Volks, neuen Lebensraum zu finden ▶ NS-Ideologie: Eroberung von „Lebensraum im Osten" für „arische Herrenrasse"	• Wurzeln des heutigen Europa in Völkerwanderungszeit • rechtsextreme Deutungen: Identifikation Deutschlands mit bedrohtem Römischen Reich, aber auch Bezug zu vermeintlichen „germanischen Vorfahren" • Aufgreifen historischer Ereignisse in Filmen und Serien

Begrifflichkeiten und Probleme

- **Instrumentalisierung** und Deutung **der „Völkerwanderung"** im Sinne zeitgenössischer Ziele
- **Begriff** „Völkerwanderung" **suggeriert kulturell und ethnisch homogene Gruppen**, die sich kontinuierlich von einem Ursprungsort zu einem Zielort bewegen
  ABER: eigentlich **unterschiedliche Wanderbewegungen heterogen zusammengesetzter Militär- und Personenverbände**, die durch gemeinsame Interessen zusammengehalten und immer wieder transformiert werden → neutralere Bezeichnung **„migration period"**
- **Germanen:** römische Sammelbezeichnung für alle Bewohner östlich des Rheins, aber **keine** Existenz einer **Gruppe** dieses Namens **mit gemeinsamer Sprache**, **Religion und Kultur**
- Behandlung der Begriffe „Gote", „Germane" und „Deutscher" oft als Synonyme → Vorstellung von **Germanen als Vorfahren der Deutschen**
- **Identifikation Theoderichs** mit untadeligem Heldenkönig **Dietrich von Bern** im Nibelungenlied: Vorbild „deutschen Kampfesmuts" und „deutscher Manneskraft" → **Theoderich als germanischer „Volkskönig"**, der in Italien kurzlebiges, aber glanzvolles Reich begründet hat
- **Analogien** zu heutigen Fluchtbewegungen und Migrationsphänomenen **problematisch**, da man komplexe historische Sachverhalte und Probleme der Gegenwart dadurch grob vereinfacht

Französische Tradition

- bereits im Mittelalter Heranziehung des fränkischen Herrschers Chlodwig durch französische Könige zur **Legitimierung der eigenen Herrschaft** → Wiederaufgreifen dieser Tradition durch Napoleon bei Kaiserkrönung 1804
- seit dem Mittelalter Gleichsetzung von Frankenreich mit Frankreich und Alamannen mit Deutschland → **Chlodwig als Verteidiger und Einiger des christlich-katholischen Frankreich** gegen heidnische Deutsche
- **Nutzung des Germanennamens in Französischer Revolution:**

- **Monarchie und Adel:** Identifikation mit Franken, die Gallien erobert haben
- **Dritter Stand:** Selbstbezeichnung als Nachkommenschaft der gallorömischen Bevölkerung, die sich jetzt von fränkischen Eroberern befreit

Deutsche Deutungen des 18. bis 21. Jahrhunderts

18. Jahrhundert

- Behauptung einer Dekadenz und **Verweichlichung des alten Roms**, das mit Frankreich gleichgesetzt wird
- Anständigkeit und **Tapferkeit der „germanischen“ Eroberer**

→ **„Germanien“** (= Gesamtheit der deutschen Einzelstaaten) **als Bollwerk gegen „neues Rom“** (= Frankreich)

19. Jahrhundert

- **Eroberung Roms durch** dessen Verderbnis, Stolz und **Feigheit hervorgerufen** → **Alarich als gerechter Rächer** der vom Römischen Reich betrogenen „germanischen“ Hilfstruppen
- entstehender **deutscher Nationalismus:** Interpretation der Wanderbewegungen als Aufbegehren von Nationen gegen die Unterdrückung durch antinationales römisches Imperium
  → **Zerstörung Roms als erfolgreiche gesamtdeutsche Kraftanstrengung**
- **Beseitigung des morschen Römisches Reichs durch Germanen**, um Fundament für neues Europa zu legen → Deutsche mit besonderer Aufgabe in Europa und der Welt: **deutsches „Sonderbewusstsein“**, „Am deutschen Wesen soll die Welt genesen.“
- Nutzung von Sagen und Legenden, um **lange zurückreichende Wurzeln der im Entstehen begriffenen Nationen** vorzuspiegeln

20. Jahrhundert

- Ausbau der Deutungen des 19. Jahrhunderts durch aufkommende **völkische Ideologie:** „Völkerwanderung“ als **Notwendigkeit** eines sich stark vermehrenden, „rassisch hochwertigen“ Volks, **neuen Lebensraum zu finden**
- Übernahme in **Ideologie des Nationalsozialismus:** Vorstellung von der „arischen Herrenrasse“ mit **Bedarf an „Lebensraum im Osten“**
- Hitlers Deutung des **Russlandfeldzugs als „natürliche“ Rückkehr der** zur Zeit der „Völkerwanderung“ **aus dem Osten vertriebenen Germanen** in ihren ureigenen Siedlungsraum

21. Jahrhundert

- **Entstehung des heutigen Europas aus mittelalterlichen Herrschaftsbereichen**, denen Verschmelzung von romanischen, christlichen und stammesbezogenen Elementen gelungen ist
- widersprüchliche **rechtsextreme Deutungsmuster:**
  - **Identifikation Deutschlands mit Römischem Reich**, das von „barbarischen Horden“ (= Flüchtlingen) überrannt und in den Untergang getrieben werde
  - gleichzeitig **Bezug zu vermeintlichen „germanischen Vorfahren“**, die sich gegen feindliches Römisches Reich aufgelehnt und als überlegen erwiesen hätten
- Beliebtheit der „Germanen“ in **Filmen und Serien:** Verschränkung **real-historischer Ereignisse** mit **literarischer Fiktion** → oft historisch ungenaue Verwendung populärer Motive und **klare Einteilung der Welt in Gut und Böse**

Auf einen Blick

Die Teilungen Polens 1772, 1792 und 1795

Preußen

- 1772: Furcht vor russischem Machtzuwachs → Drängen auf Teilung
- 1792: „wohlwollende Neutralität" bei polnisch-russischer Auseinandersetzung
- 1794: Niederschlagung des polnischen Aufstands unter Kościuszko → 1795: Teilungsabkommen

Österreich

- 1772: Furcht vor russischem Machtzuwachs → Einmischung
- 1795: nachträglicher Beitritt zu Teilungsabkommen

Russland

- ab 1768: Niederschlagung polnischer Aufstände gegen russische Interessenpolitik → Einmischung Österreichs und Preußens → Teilung (1772)
- 1792: militärische Intervention gegen polnische Mai-Verfassung
- 1794: Niederschlagung des polnischen Aufstands unter Kościuszko → 1795: Teilungsabkommen

Tadeusz Kościuszko

Entstehung und Entwicklung des Königreichs Polen

- 6. Jahrhundert: erste Erwähnung von **Slawen** in Schriften griechischer und lateinischer Autoren
- 966: Taufe des ersten historisch belegten polnischen Herrschers Mieszko I. → **Christianisierung**
- 1025: Herzog **Bolesław Chrobry** lässt sich mit Einverständnis des Papstes zum **ersten polnischen König** krönen → enge Verbindungen zum Heiligen Römischen Reich und **Ausweitung des polnischen Herrschaftsraums**
- 11. bis 13. Jahrhundert: **Zersplitterung des Landes** durch familiäre Streitigkeiten um Nachfolgeregelung → Kirche als überregionale Institution ist Garant der Landeseinheit
- ab dem 12. Jahrhundert: von polnischen Fürsten geförderte **Ansiedlung von Deutschen** (Bauern, Handwerker, Kaufleute, auch Juden), um Wirtschaft und Gesellschaft zu modernisieren → **friedliches Zusammenleben** trotz unterschiedlicher Sprachen und Glaubensrichtungen
- 1320: Vereinigung verschiedener Teile Polens zum **Königreich** → 1382: Ludwik I. Wielki ohne Söhne → Durchsetzung der Nachfolge von Töchtern durch **Zugeständnisse an Adel** (Steuerfreiheit, politischer Alleinvertretungsanspruch neben dem König, Mitwirkung an der Königswahl)
- 1386: Verheiratung von Ludwiks Tochter Jadwiga mit Großfürst von Litauen = **polnisch-litauische Personalunion:** Polen-Litauen als multiethnisches und multikonfessionelles Großreich
- 15. Jahrhundert: **Konflikte zwischen Polen und Deutschordensstaat** (späteres West- und Ostpreußen) → Höhepunkt: **Schlacht bei Tannenberg/Grunwald** 1410 mit Niederlage des Deutschen Ordens (19. Jahrhundert: Konstruktion einer polnisch-deutschen „Erbfeindschaft")
- 1525: Entstehung des Herzogtums **Preußen als polnisches Lehen** → ab 1618: Brandenburg-Preußen in Personalunion → ab 1657: **Preußen kein polnisches Lehen mehr**
- 17. Jahrhundert: **innere Krise Polens**, die **Expansionsgelüste** bei Nachbarstaaten (Schweden, Russland, Preußen) weckt

Verfassung Polens in der Frühen Neuzeit

- politisches System Polens in der Frühen Neuzeit: „**Adelsrepublik**" = ständische Monarchie, in der neben König ausschließlich Adel an Herrschaftsausübung beteiligt ist → große **Abhängigkeit des Königs vom Hochadel** (Magnaten)

- **Lubliner Union** 1569: staatsrechtliche Vereinigung von Polen und Litauen zu einem Reich → gemeinsamer **Reichstag** (Sejm), bestehend **aus zwei Kammern** (Abgeordnetenhaus und Senat), gemeinsame Außenpolitik und Währung
- 1572: Errichtung einer **Wahlmonarchie** durch dominierenden Adel → immer stärkere **Aushöhlung der Monarchie zugunsten des Adels**
- ab 1652: immer wieder Scheitern des Reichstags an **Liberum veto** = Einstimmigkeit von Beschlüssen → **Blockierung politischer Entscheidungen** durch nur eine Gegenstimme
- politischer **Reformversuch** 1791: Abschaffung des Liberum veto und der Königswahl sowie Errichtung einer **konstitutionellen Erbmonarchie** auf der Grundlage von Volkssouveränität und **Gewaltenteilung** = erste geschriebene Verfassung Europas → ABER: Scheitern an Aggression der ausländischen Fürsten (Österreich, Russland, Preußen)

Teilungen Polens *(s. Karte S. 39)*

Erste Teilung Polens (1772)

- 1733–1763: **Schwäche des Staats** mit August III. (Kurfürst und Herzog von Sachsen) auf polnischem Thron, Stärke der Magnaten und zerstörerische **Einflussnahme der europäischen Nachbarn** → Notwendigkeit tief greifender Reformen
- **Reformprojekte** unter König Stanisław II. August Poniatowski (1764–1795), ABER: **Widerstand** einiger Gruppen in Polen und ausländischer Monarchen (vor allem der russischen Zarin, Katharina der Großen, die zu großes Erstarken Polens fürchtet)
- 1768: teilweise Rücknahme der Beschlüsse und Festschreibung der russischen Eingriffsmöglichkeiten in Polens innere Angelegenheiten → **Polen faktisch als russisches Protektorat**
- **polnische Aufstände** gegen russische Interessenpolitik in Polen → **Eingreifen des russischen Militärs** → **Einmischung von Preußen und Österreich**, die russischen Machtzuwachs befürchten
- 1772: Drängen Friedrichs II. von Preußen auf **Teilung** einzelner Gebiete **Polens zwischen Preußen, Österreich und Russland** → 1773: Verabschiedung der Teilungsbeschlüsse → **Polen als Minderheit in drei unterschiedlichen Staaten**
- polnischer Adel häufig mit Anschluss an die Aristokratie der Teilungsmächte, aber **keine** politische, **staatliche Selbstbestimmung**
- Einigung verschiedener Interessengruppen im noch existierenden „Restpolen" → **politische Reformen**, u. a. erste geschriebene Verfassung Polens im Mai 1791 (Mai-Verfassung)

Zweite Teilung Polens (1792)

- **Widerstand** des polnischen Adels und der europäischen Fürsten **gegen polnische Verfassungsreform** → militärische Intervention Russlands → 1792: Zwang zur Zurücknahme der Mai-Verfassung
- 1793: **Einigung Russlands und** des „wohlwollend neutralen" **Preußens auf zweite polnische Teilung** → 1794: polnischer **Volksaufstand** unter Tadeusz Kościuszko gegen Gebietsverluste → Zusammenbrechen der Erhebung nach Eingreifen Preußens und Russlands

Dritte Teilung Polens (1795)

- Januar 1795: **Unterzeichnung des Teilungsabkommens** zwischen Russland und Preußen → **Beitritt Österreichs** im Oktober 1795
- endgültiges Verschwinden Polens als eigenständiger Staat von der Landkarte → **Polen als Nation ohne Staat** = Trauma für polnische Eliten

Auf einen Blick

Nationalismus im 19. Jahrhundert

Aggressivität des Nationalismus

1815–1848/49

Verknüpfung mit Forderungen nach Freiheitsrechten

→ Freiheitsbewegung als Teil der Nationalbewegung

1850–1871

Primat der Einheit vor der Freiheit

→ Zusammenarbeit vieler Liberaler mit der Obrigkeit

1871–1914

Reichsnationalismus mit aggressiver Ausrichtung gegen innere und äußere „Feinde"

→ Entwicklung zu „integralem Nationalismus" als „politische Religion"

Jahre

Deutsche Nationalbewegung

- **wachsendes Nationalbewusstsein** in Deutschland während napoleonischer Fremdherrschaft
- Engagement deutscher Patrioten (hauptsächlich Studenten) in **Befreiungskriegen** 1813/14
- Gründung des **Deutschen Bunds** als Bollwerk gegen Ideen von Liberalismus, Demokratie und nationaler Einheit auf **Wiener Kongress** 1814/15 → **Scheitern der Hoffnungen vieler Patrioten** auf Umsetzung eines Nationalstaats mit einer eigenen Verfassung
- Entstehung einer **organisierten Nationalbewegung**, v. a. getragen von Burschenschaften → **Wartburgfest** 1817: Kundgebungen und Forderungen nach politischer Einheit und Freiheit
- 1819: **Ermordung des reaktionären Schriftstellers** August von Kotzebue durch den Studenten Sand → Reaktion der Obrigkeit mit **Karlsbader Beschlüssen zur Unterdrückung** der nationalen und liberalen Bewegung → Abflauen der Nationalbewegung und Rückzug ins Private
- Wiederaufleben der liberalen Bewegung nach **Juli-Revolution** 1830 in Frankreich → **Hambacher Fest** 1832 mit Forderungen nach deutschem Nationalstaat, der auf einer Verfassung basiert
- **verschärfte politische Repression**, aber Vereinheitlichungen auf wirtschaftlichem Gebiet durch Gründung des **Deutschen Zollvereins** 1834
- 1840er-Jahre: **Wirtschafts- und Hungerkrisen** sowie Verweigerung von Reformen überall im Deutschen Bund → Ausrufung der Republik in Frankreich im Februar 1848 als Initialzündung für **Märzrevolution** in Deutschland: „Märzforderungen" und Massendemonstrationen
- 18. Mai 1848: Zusammentreten der frei gewählten verfassunggebenden Nationalversammlung in der **Frankfurter Paulskirche** und Ausarbeitung einer **Reichsverfassung** für kleindeutsche Lösung unter preußischer Führung, ABER: **Ablehnung der Kaiserkrone** durch König Friedrich Wilhelm IV. im April 1849 und damit **Scheitern der Revolution**

Entstehung des Kaiserreichs

- **Ausgangslage:**
  – Phase der **Reaktion:** scharfe Unterdrückung der Opposition durch Obrigkeitsstaaten seit der gescheiterten Revolution von 1848/49 und **Wiederherstellung des Deutschen Bunds**

- **preußisch-österreichischer Dualismus:** preußische Unionspolitik mit kleindeutscher Lösung als Ziel ↔ Streben Österreichs nach großdeutscher Lösung
- Hoffnung der national-liberalen Bewegung auf Schaffung eines deutschen Nationalstaats unter Führung Preußens → Zusammenarbeit des größten Teils der Liberalen mit preußischem Ministerpräsident Otto von Bismarck: **Primat der Einheit vor der Freiheit**
- Bismarcks „**Blut und Eisen**"**-Rede** 1862: Ankündigung, die nationale Einheit unter Vorherrschaft Preußens mit militärischen Mitteln herzustellen

- **Deutsch-Dänischer Krieg** 1864: gemeinsames preußisch-österreichisches Vorgehen gegen Dänemark, um Zugehörigkeit Schleswigs und Holsteins zum Deutschen Bund zu sichern → nach Sieg: Aufteilung der Verwaltung der Herzogtümer Schleswig (Preußen) und Holstein (Österreich)
- **Deutsch-Deutscher Krieg** 1866: Krieg zwischen Preußen und Österreich (mit jeweiligen Verbündeten) um Vorherrschaft in Deutschland → Sieg Preußens und Gründung des Norddeutschen Bunds 1867 → endgültiger **Verzicht auf großdeutsche Lösung**
- **Deutsch-Französischer Krieg** 1870/71: Bismarck betreibt die Eskalation eines machtpolitischen Konflikts zwischen Preußen und Frankreich („Emser Depesche") → Ausweitung zu deutschem Nationalkrieg → 18. Januar 1871: **Gründung des deutschen Kaiserreichs** unter Führung Preußens (**Nationalstaatsgründung „von oben"**)

Nationalismus im Kaiserreich

- Nutzung des **Nationalismus als Integrationsideologie** durch Eliten des Kaiserreichs
- Entstehung eines neuen **Reichsnationalismus („negative Integration"):**
  - **nach außen:** machtstaatliche, hegemoniale und später auch rassistische Ausrichtung
  - **nach innen:** Ablehnung derjenigen, die Bismarcks Form der Reichsgründung und seiner Politik widersprechen → Bezeichnung als „**Reichsfeinde**" → schwierige „innere Reichsgründung"
- **Vorgehen gegen „Reichsfeinde":**
  - 1871–1887: „**Kulturkampf**" gegen katholische Kirche und ihre politische Vertretung (Zentrum), z. B. „Kanzelparagraph" (Verbot für Geistliche, sich während der Ausübung ihres Berufs zu politischen Themen zu äußern), Einführung der Zivilehe, Entzug staatlicher Zuwendungen
  - **Sozialistengesetz** von 1878 zur Eindämmung der Sozialdemokratie, z. B. Verbot der Sozialistischen Arbeiterpartei (SAP) sowie sozialistischer Versammlungen und Druckschriften

  → ABER: **Scheitern der Maßnahmen**, stattdessen Vertiefung der Spaltung der Gesellschaft und Verstärkung des Zusammengehörigkeitsgefühls innerhalb der bekämpften Gruppen
- 1878/79: „**konservative Wende**" = Aufgreifen der nationalen Idee durch konservative Kreise → Übergang des Reichsnationalismus zu rechter Ideologie (antiliberal, antisemitisch, expansionistisch) → „**integraler Nationalismus**":
  - Unterordnung des Einzelnen unter die Nation → **Nationalismus als „politische Religion"**
  - „Volk" (nicht Staat) als entscheidende Bezugsgröße → **„völkischer" Nationalismus**
  - Aufkommen des **Chauvinismus:** absolute Vorrangstellung der eigenen Nation → Forderung nach rücksichtsloser Durchsetzung nationaler Interessen
  - preußisch-deutscher **Militarismus** als zentraler Integrationsfaktor → Entstehung politischer Vereine zur Propagierung nationalistischer Ideen, z. B. „**Alldeutscher Verband**" (1891) oder „**Deutscher Flottenverein**" (1898)
  - Zusammenspiel von **Integration und Segregation:** Forderung an gesellschaftliche und nationale Minderheiten (z. B. Juden, Dänen oder Polen) zur **Assimiliation** (Anpassung) und **Akkulturation** (Übernahme der Kultur) → verstärkte Ausbildung einer eigenen Identität der Minderheiten als Reaktion auf „**Germanisierungsdruck**" → Segregation der Minderheiten

Auf einen Blick

Polen im revolutionären Europa (1795–1815)

- 1795: **Ende der polnischen Staatlichkeit** mit Dritter Teilung **(Nation ohne Staat)** → viele Polen setzen Hoffnungen in revolutionäres Frankreich → polnische Legion aufseiten Napoleons
- 1807: Niederlage Preußens im vierten Koalitionskrieg → Napoleon bildet das **Herzogtum Warschau** aus Gebietsgewinnen Preußens (bei Zweiter Teilung) und Österreichs (bei Dritter Teilung) → Einführung des Code Napoléon und Beteiligung Warschaus an Napoleons Russlandfeldzug
- **Wiener Kongress** 1814/15: unterschiedliche Ansprüche der Großmächte → Polen wird nicht als souveräner Nationalstaat wiederhergestellt: Staatsgebiet bleibt zerstückelt

→ Herzogtum Warschau als Königreich Polen unter russischer Herrschaft **(Kongresspolen)**
→ Bildung des preußischen „**Großherzogtums Posen**"
→ **Krakau als „Freie Stadt**" unter Aufsicht aller Teilungsmächte
→ Österreich behält Erwerbungen aus Erster Teilung von 1772 **(Galizien)**

Polen zwischen Integration und Widerstand (1815–1864)

- Erlaubnis des Zaren zur **weitgehenden Selbstverwaltung Kongresspolens:** Integration der Bevölkerung mithilfe von Schutzmaßnahmen für polnische Sprache und Kultur, aber immer wieder Kritik an russischer Obrigkeit wegen Abweichungen von liberalen Verfassungsgrundsätzen
- November 1830: bewaffneter **Aufstand** einer Gruppe junger Offiziersanwärter in Warschau → massive militärische Auseinandersetzungen, aus denen 1831 **Russland** (mit Unterstützung Preußens) **als Sieger** hervorgeht → **verstärkte Repressalien** durch russische Obrigkeit
- massive Russifizierung und Schwächung des polnischsprachigen Bildungssystems → „**Große Emigration**": Hôtel Lambert in Paris als Zentrum der **polnischen Exilpolitik** → Pflege der polnischen Kultur und Unterstützung der polnischen Nationalbewegung durch ausgewanderte Polen
- ab 1830: **Polenbegeisterung** bei Anhängern der nationalliberalen Bewegung in Deutschland (u. a. Gründung von Polenvereinen) → Teilnahme zahlreicher Polen am **Hambacher Fest** 1832
- 1846: **Scheitern eines Aufstands in Galizien** am Widerstand der Bauern, die von österreichischen Behörden ermuntert werden, sich aufbegehrenden Gutsherren entgegenzustellen

- **Posener Plan** 1846: Plan polnischer Nationalisten zu gesamtpolnischer Erhebung, der verraten wird → Verhaftung sämtlicher Verschwörer
- **Krakauer Aufstand** 1846 → Besetzung der Stadt durch österreichische Truppen
- Revolution von 1848/49: polnischer **Aufstand in Posen** → **„Polendebatte"** in der Frankfurter Paulskirche, deren Abgeordnete aber nicht bereit sind, zugunsten der polnischen Nationalbewegung auf Gebiete zu verzichten → **Niederschlagung des Aufstands** durch preußisches Militär
- 1855/56: Machtübernahme von Zar Alexander II. und russische Niederlage im Krimkrieg → Interesse des Zaren an enger polnisch-russischer Zusammenarbeit → **Öffnung von Staatsämtern für Polen**, wodurch Nationalisten Einfluss auf polnische Politik nehmen können
- verstärktes Engagement junger Polen in konspirativen Zirkeln → Radikalisierung der Protestbewegung: **Januaraufstand** 1863 → Gründe für **Niederschlagung** im April 1864: fehlende Unterstützung aus anderen Staaten, unterschiedliche Ziele der Akteure, Fehlen einer schlagkräftigen militärischen Führung sowie vergebliche Versuche, Bauern zu mobilisieren

→ brutale **russische Vergeltungsmaßnahmen**, auch gegen unbeteiligte Bauern
→ breiter Rückhalt für nationale Bewegung in gesamtpolnischer Bevölkerung
→ Aufrechterhaltung des polnischen Zusammenhalts durch katholische Kirche

- Ziel der russischen Regierung: vollständige **Verschmelzung der Gebiete Kongresspolens** (umbenannt in „Weichselland") **mit dem Zarenreich**

Polen und die moderne Nation (1864–1918)

- gescheiterte Aufstände → Ausbreitung des Prinzips der **„organischen Arbeit"** = Bestreben, eigene Fähigkeiten in Wirtschaft, Bildung und Kultur zu entwickeln, um Russifizierung oder Germanisierung zu entgehen → **Nationalkampf auf kultureller Ebene:** Entstehen von patriotischen Gemälden, Literatur, Mythen und Liedern
- Gründung des deutschen Kaiserreichs 1871 → verstärkte **Germanisierungspolitik in preußischen Ostprovinzen**, um Zusammenhalt des neu gegründeten Reichs nicht zu gefährden → zunehmende Spannungen zwischen den Nationalitäten
- Organisation von Polen in **Parteien:**
  - **Polnische Sozialistische Partei** (1892): Streben nach sozialer Revolution; Parole „Durch Unabhängigkeit zum Sozialismus"
  - **Sozialdemokratie des Königreichs Polen** (1893): Abkehr von nationalpolitischer Ausrichtung; Wunsch nach Zusammenarbeit mit russischen Sozialisten
  - **Liga Narodowa** (Nationale Liga, 1893): nationalistisch, antisemitisch und panslawistisch ausgerichtet; Ziel: polnische Autonomie unter russischer Herrschaft
  - **Allgemeiner Jüdischer Arbeiterbund** (1897): Konzentration auf jüdische Arbeiter, aber Zusammenarbeit mit anderen sozialistischen Gruppen
  - **Volkspartei** (1897): wichtigste politische Kraft auf dem Land
  - **Nationaldemokratische Partei** (1897): antisozialistisch, konservativ, antideutsch
- 1890: verstärkte **außenpolitische Gegensätze zwischen Teilungsmächten** (Deutsches Reich und Österreich-Ungarn vs. Russland) → Aufkommen von **Plänen zur Wiederbegründung eines polnischen Staats**
- 1904/05: russische Niederlage im Russisch-Japanischen Krieg → **Streiks und Demonstrationen** → **Zugeständnisse des Zaren** an polnische Minderheit
- 1914: bei Ausbruch des Ersten Weltkriegs Rückkehr der Idee der polnischen Eigenstaatlichkeit in internationale Debatte → 1918: Wiedergewinn der **polnischen Unabhängigkeit**

Auf einen Blick

Polen im Ersten Weltkrieg (1914 – 1918)

1914
vergeblicher Versuch der Teilungsmächte, Unterstützung der polnischen Bevölkerung zu gewinnen
stattdessen: eigene polnische Militäraktionen unter Józef Piłsudski
→ Ziel: polnische Unabhängigkeit

1916
Errichtung von „Königreich Polen" durch Deutschland und Österreich mit engem Anschluss an Mittelmächte
ABER: Eidverweigerung der polnischen Truppen
→ Verhaftung Piłsudskis und Inhaftierung in Magdeburg

1917
Februarrevolution in Russland und Abdankung des Zaren
→ Unterstützung der polnischen Unabhängigkeitsforderungen durch Westallierte

1918
- Frieden von Brest-Litowsk: Verzicht Russlands auf Polen
- Wilsons 14-Punkte: unabhängiges Polen
- 11.11.: Rückkehr Piłsudskis nach Polen und Übernahme des Oberbefehls = Wiedergewinnung der Unabhängigkeit

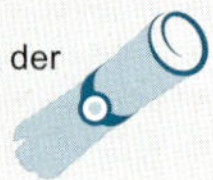

Józef Piłsudski

Germanisierungspolitik im Kaiserreich

- **Bevölkerungsgruppen unterschiedlicher Herkunft** im Kaiserreich: französischstämmige Elsässer und Lothringer im Westen, Dänen in Schleswig und Holstein im Norden, polnische Minderheit in Posen und Westpreußen im Osten
- nationale Minderheiten werden als **Problem bei Herausbildung einer deutschen Identität** gesehen: **kein Minderheitenschutz** in Verfassung → Ausweisungen und Durchsetzung des Deutschen als Amtssprache
- enge Verbindung des polnischen Nationalismus mit katholischer Kirche → besondere Ausrichtung von **Bismarcks Germanisierungspolitik** gegen Polen im Zuge des „Kulturkampfs"
- bereits seit 1840er-Jahren: **Verdrängung der polnischen Sprache** aus öffentlichem Leben → Fortsetzung durch **Schulaufsichtsgesetz** 1872 und Erlass in Posen über die Anwendung der deutschen Sprache im Unterricht 1873 → Ziel: **Unterdrückung der polnischen Identität**
- Zulassung des Polnischen als Unterrichtssprache nur noch im Fach Religion → ab 1901: Verschärfung unter Reichskanzler Bülow (generelles **Verbot der polnischen Sprache im Unterricht**) → **Wreschener Schulstreik** 1901/06 in Posen, der letztlich niedergeschlagen wird
- ab 1885: **Vertreibung von nicht eingebürgerten Polen** aus Berlin und östlichen Provinzen
- 1886: **Ansiedlung preußischer Bauern und Arbeiter in Posen und Westpreußen** durch Königlich Preußische Ansiedlungskommission → **wenig erfolgreich**, da Bemühungen von polnischen Bauernverbänden unterlaufen werden
- **Enteignungsgesetz** 1908: Erlaubnis, polnischen Besitz „zur Stärkung des Deutschtums" gegen Entschädigung zu enteignen
- Reaktion der Polen auf Germanisierungspolitik ab ca. 1864 mit **„Politik der organischen Arbeit"** = Bildung von polnischen Organisationen in Kultur, Wirtschaft und Wissenschaft → Entstehung einer **polnischen Parallelgesellschaft** mit Vereinen, Verbänden, Genossenschaften und Banken, z. B. antideutscher **Westmarkenverband** (will an Größe Polens im Mittelalter anknüpfen) ↔ deutscher **Ostmarkenverein** (Unterstützung von Germanisierungsmaßnahmen)

→ **Scheitern der Germanisierungspolitik**, da keine größere Identifikation der Polen mit Deutschland, stattdessen Förderung der Selbstabgrenzung der polnischen Minderheit

Nationale Stereotype im Kaiserreich

- Zuzug **polnischsprachiger Arbeitskräfte ins Ruhrgebiet** → deutsche Staatsbürger, aber aufgrund ihrer Sprache, Sitten und Gebräuche **als Fremde herabgesetzt** („Polacken")
- (negative) Wahrnehmung des **konfessionellen Gegensatzes** zwischen preußischem Protestantismus und polnischem Katholizismus
- **angebliche „Erbfeindschaft"** zwischen beiden Nationen, die auf Schlacht von Grunwald/Tannenberg zwischen Deutschem Orden und Polen 1410 zurückgeführt wird → in Polen **Verherrlichung des Sieges von Grunwald**, in Deutschland Interpretation der siegreichen Schlacht von Tannenberg 1914 als **Überwindung der erlittenen „Schmach von 1410"**
- Entstehung des **Selbstbilds von „deutschen Tugenden"** wie Sparsamkeit, Fleiß, Ordentlichkeit ↔ Betrachtung der **Polen als verschwenderisch, faul und unordentlich** („polnische Wirtschaft"), teilweise rassistische Aufladung der Fremdeinschätzung: Polen als **„minderwertig"**
- **Steigerung der Stereotype zu Feindbildern** vor dem Ersten Weltkrieg (Feindbildpropaganda) → **Fortsetzung nach dem Ersten Weltkrieg:** Titulierung von Polen als „Räuberstaat"

Grenzziehung nach dem Ersten Weltkrieg

- 1916: Errichtung des Königreichs **Polen als Vasallenstaat Deutschlands**, um Unterstützung durch polnisches Heer zu gewinnen → **Rückkehr der Idee der polnischen Eigenstaatlichkeit** in internationale politische Debatte
- Konkurrenz von **zwei unterschiedlichen Staatskonzepten:**
  - **piastische Staatsidee:** ethnisch homogener, an westeuropäischen Nationen orientierter polnischer Nationalstaat→ Ausrichtung in den Westen **(Roman Dmowski)**
  - **jagiellonische Staatsidee:** integrativer Vielvölkerstaat als Vormacht im multiethnischen Osteuropa nach Vorbild des alten Königreichs Polen-Litauen → Ausrichtung in den Osten **(Józef Piłsudski)**
- Bestätigung der **Unabhängigkeit Polens durch Vertrag von Versailles**, in dem nach der Vorstellung von Woodrow Wilson das Selbstbestimmungsrecht der Völker festgeschrieben wird: Piłsudski als erster Staatschef (1918–1922)
- **Grenzziehungen und -entwicklungen:**
  - **Ostgrenze:** mehrere **militärische Konflikte** mit Roter Armee sowie litauischen, weißrussischen und ukrainischen Unabhängigkeitsbewegungen → August 1920: Polen unter Piłsudski drängt Sowjettruppen bis weit in den Osten zurück („Wunder an der Weichsel")
  - **Westgrenze: Gebietsabtretungen Deutschlands im Versailler Vertrag** → Großteile Posens und Westpreußens sowie Grenzgebiete in Ostpreußen und Hinterpommern an Polen(„polnischer Korridor", der Ostpreußen vom übrigen Deutschland abtrennt); Danzig als „freie Stadt" unter Völkerbundmandat
  - 20. März 1921: **Volksabstimmung in Oberschlesien** über Zugehörigkeit des Gebiets → mehrheitliches Votum für Zugehörigkeit zu Deutschland, aber **Teilung durch den Völkerbund:** Ostoberschlesien mit umfangreichen Kohlevorkommen an Polen

  → in **Weimarer Republik** hartnäckiges **Streben nach Revision** der Grenzziehungen und im **NS-Staat** Propaganda von der **„Heimholung" der deutschen Minderheit ins Reich**
- **Minderheitenschutzvertrag** von 1919 soll Rechte der in Polen lebenden Minderheiten garantieren, ABER: de facto **Polonisierungspolitik** mit Entlassungen, Enteignungen, Beschränkungen der nichtpolnischen Sprachen, Sonderabgaben und Verbot von Landerwerb für Nichtpolen

Auf einen Blick

Widerstand im besetzten Polen

Polnischer Untergrundstaat

ziviler Bereich

- Untergrundzeitschriften und Flugblätter
- geheime Kulturveranstaltungen
- geheime Bildungseinrichtungen

Heimatarmee (Armia Krajowa) **als militärischer Arm**

- Rekrutierung und militärische Ausbildung von Widerstandskämpfern
- Spionage, Sabotage und vereinzelte Anschläge
- August-Oktober 1944: bewaffneter Aufstand in Warschau

jüdischer Widerstand

- Organisation in zivilen und militärischen Verbänden, z. B. Jüdische Kampforganisation und Jüdischer Militärverband
- Bekämpfung der Folgen des antijüdischen Terrors
- April/Mai 1943: Aufstand im Warschauer Getto

Außenpolitische Beziehungen Polens in der Zwischenkriegszeit

- bei fast allen Nachbarstaaten Polens **Wunsch nach Grenzrevisionen** → Orientierung Polens hin zu **Westmächten als Garanten der Unabhängigkeit**
- Verständigung zwischen Deutschland und Russland in **Vertrag von Rapallo** 1922 → große Beunruhigung in Polen **(„Rapallo-Komplex")**
- Abschluss von **Nichtangriffsverträgen mit Polen** vonseiten der Sowjetunion (1932) und Deutschlands (1934), um Polen und die Westmächte in Sicherheit zu wiegen
- 1938: Polen zwingt Litauen zur Anerkennung der gemeinsamen Grenze und verleibt sich polnisch-tschechoslowakisches Grenzgebiet im Zuge des „Münchner Abkommens" ein → weitere **Verschlechterung des Verhältnisses zu östlichen Nachbarn**
- Drängen Hitlers auf „Lösung der Danzig- und Korridorfrage", aber Zurückweisung durch Polen → März 1939: britische Garantieerklärung für polnische Unabhängigkeit → **Vorbereitung eines Angriffskriegs** und Kündigung des deutsch-polnischen Nichtangriffsvertrags **durch Hitler**
- **Hitler-Stalin-Pakt** mit geheimem Zusatzprotokoll (23. August 1939): Festlegung der **Aufteilung Polens** zwischen Deutschland und der Sowjetunion („vierte Teilung Polens")
- 1. September 1939: **deutscher Überfall auf Polen** → rasche militärische Eroberung → 17. September 1939: Einmarsch der Roten Armee in Ostpolen

NS-Ideologie als Grundlage für expansive deutsche Außenpolitik

- Idealbild der **„Volksgemeinschaft":** Gemeinschaft **(Inklusion)** derjenigen, die laut NS-Ideologie zum deutschen Volk gehören **(„Volksgemeinschaft" als „Blutsgemeinschaft")**, z. B. auch „arische" Deutsche in ehemaligen Ostgebieten → Ausschluss **(Exklusion)** von Juden, „Zigeunern" und anderen aus rassischen oder politischen Gründen unerwünschten Personengruppen
- **Rassenlehre:** Glaube an Existenz biologisch unterschiedlicher Rassen → Einteilung der Menschheit in **höher- und minderwertige Rassen**
  - „arische Rasse" als wertvollste Rasse mit Recht auf Herrschaft über die Erde, Deutsche als „Herrenvolk" unter den **„Ariern"** → Polen als „slawische Untermenschen"

- Antisemitismus: **jüdische „Rasse"** als Feindbild → „**Überlebenskampf**" gegen „jüdische Weltverschwörung" → Ziel: Vernichtung der Juden
- außenpolitisches Ziel Hitlers: Schaffung eines rassisch reinen germanisch-deutschen Großreichs durch Eroberung von „**Lebensraum im Osten**" → „**Umvolkungspläne**": Umsiedlung von „Deutschblütigen" auf polnischen und russischen Boden sowie Ausbeutung der Landwirtschaft

Besatzungszeit und Vernichtungskrieg

- 5. Oktober 1939: endgültige **Kapitulation Polens** → **Aufteilung des Landes** zwischen Deutschland und der Sowjetunion gemäß dem Hitler-Stalin-Pakt → **Bildung einer Exilregierung** in Frankreich (ab 1940 in London)
- **Annexion des polnischen Ostens durch die Sowjetunion**
- **Eingliederung Westpolens ins Reichsgebiet:** völlige Entrechtung der dort lebenden Polen
- Errichtung des „**Generalgouvernements**" (mittlerer Teil Polens) als deutschen „Sklavenstaat"
  - **Zwangsumsiedlung** von Polen aus westlichen Gebieten ins „Generalgouvernement"
  - Verpflichtung von Polen zur **Zwangsarbeit** unter unmenschlichen Bedingungen
  - Besatzungsregime unter Generalgouverneur Hans Frank mit **Terroraktionen** von SS sowie Sondereinheiten der Polizei gegen Polen und Juden
  - **Massendeportationen** deutscher Juden sowie von Juden aus besetzten Gebieten ins „Generalgouvernement" → **Gettoisierung** (z. B. in Warschau oder Łódź) oder sofortiger Transport in Konzentrations- und Vernichtungslager
  - systematisch und industriell betriebene Ermordung von mehreren Millionen Juden, Polen, sowjetischen Kriegsgefangenen, Sinti und Roma sowie anderen Bevölkerungsgruppen in **Vernichtungslagern** im „Generalgouvernement" (Auschwitz, Belzec, Majdanek, Sobibor, Treblinka)
- **Ziel** der deutschen Besatzer: vollkommene **Zerstörung** der polnischen Staatlichkeit und **der polnischen Nation** → brutale Willkürherrschaft und zielgerichtete Vernichtung von Menschen (u. a. der polnischen Führungselite und anderer Zivilisten) sowie von nationalen Symbolen

Widerstand im besetzten Polen

- trotz lebensgefährlicher Bedingungen Entwicklung eines gut funktionierenden **Untergrundstaats** (Zusammenarbeit mit Exilregierung) → **Formen des Widerstands:** Untergrundzeitschriften, geheime Kulturveranstaltungen, geheime Bildungseinrichtungen
- **hohe Beteiligung** von zunehmend mehr Polen **an Widerstandsaktionen** wegen brutaler Besatzungsherrschaft der Deutschen
- **Heimatarmee** als bewaffneter Arm der polnischen Untergrundbewegung (mit über 350 000 Mitgliedern größte militärische Widerstandsgruppe im Zweiten Weltkrieg)
  - **Ziel:** Befreiung Polens von deutscher Besatzungsherrschaft
  - **Methoden:** Spionage, Sabotage, Attentate, Partisanenangriffe
- **Aufstände in Warschau:**
  - April/Mai 1943: bewaffneter **Aufstand der Juden im Warschauer Getto** (teilweise in Verbänden organisiert), um Abtransport der verbliebenen 60 000 Juden in Vernichtungslager zu verhindern → nach vierwöchigen Kämpfen **blutige Niederschlagung** durch SS
  - 1. August 1944: von Heimatarmee ausgelöster **Aufstand in Warschau** (noch heute Symbol für polnischen Widerstandswillen) → keine Unterstützung durch Sowjettruppen → 2. Oktober 1944: **brutale Niederschlagung** durch deutsche Besatzer und beinahe vollständige Zerstörung Warschaus → Tod von über 200 000 polnischen Soldaten und Zivilisten

Auf einen Blick

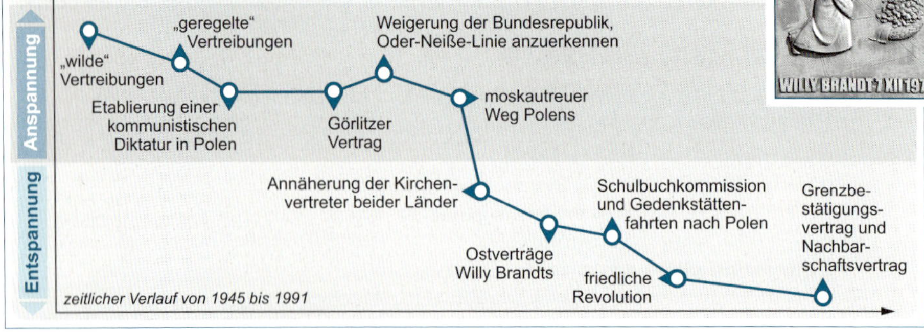

Die Folgen des Zweiten Weltkriegs

- ab 1944: **Vordringen der Roten Armee** gen Westen → **Flucht zahlreicher Deutscher** aus Ostgebieten in den Westen
- ab Mai 1945: „**wilde**“ (ungeregelte) **Vertreibung** von Deutschen aus den ehemaligen Ostgebieten mit **Rache- und Vergeltungsakten** nach Ende der Kampfhandlungen
- **Potsdamer Konferenz** (Juli/August 1945): Beschluss einer „**ordnungsgemäßen und humanen Überführung**“ von Deutschen aus ehemaligen Ostgebieten, um ethnisch möglichst homogenen polnischen Nationalstaat zu schaffen, ABER: weiterhin einzelne gewaltsame **Übergriffe** und **Zwangsumsiedlungen** unter katastrophalen Bedingungen (Hunger, Kälte, Krankheiten)
- **Westverschiebung Polens**, da Sowjetunion Gebiete aus Hitler-Stalin-Pakt behalten will → **Zwangsumsiedlung von Polen** aus jetzt sowjetischen Gebieten in den Westen und von anderen **nationalen Minderheiten** (Litauern, Ukrainern und Weißrussen) in die Sowjetunion

Die Beziehungen des geteilten Deutschland zu Polen

- schwierige Ausgangslage für beide Seiten: **Polen** ab 1948 endgültig von **kommunistischer Diktatur** beherrscht ↔ **Teilung Deutschlands** in zwei Staaten 1949: **demokratische Bundesrepublik** im Westen und **kommunistische DDR** im Osten
- **Görlitzer Vertrag** 1950: **Anerkennung der polnischen Westgrenze** (Oder-Neiße-Linie) **durch die DDR** auf Betreiben der Sowjetunion → bis 1990: Polen und DDR offiziell „sozialistische Bruderstaaten“
- in Westdeutschland zunächst **Weigerung der Bundesregierung, Oder-Neiße-Linie anzuerkennen** → Versuch der polnischen Regierung, Bevölkerung gegen vermeintliche Bedrohung aus Westdeutschland zu mobilisieren
- 1950er-Jahre: **moskautreuer Kurs Polens** → kaum Beziehungen zwischen Westdeutschen und Polen
- 1960er-Jahre: **allmählicher Wandel und langsame Aussöhnung**, eingeleitet durch Repräsentanten der evangelischen Kirche in Deutschland und der katholischen Kirche in beiden Ländern

- **Denkschrift des Rates der evangelischen Kirche in Deutschland** (Oktober 1965) über Lage der Vertriebenen und Verhältnis des deutschen Volkes zu östlichen Nachbarn: **Aufruf zur Versöhnung** und zur Anerkennung der polnischen Westgrenze → großes Echo in der polnischen und bundesrepublikanischen Öffentlichkeit
- **Hirtenbrief der polnischen Bischöfe an ihre deutschen Amtsbrüder** (November 1965) als Versöhnungsangebot und Bitte um Vergebung → starke **Kritik der kommunistischen Regierung**, nach deren Meinung Polen sich keine Verbrechen habe zuschulden kommen lassen

→ **Bereitschaft** der Großen Koalition unter Kurt Georg Kiesinger **zu Neugestaltung des Verhältnisses** mit kommunistischen Staaten, aber Zögern, Oder-Neiße-Grenze anzuerkennen

- 21. Oktober 1969: **Wahl Willy Brandts** (SPD) **zum Bundeskanzler** → **Ziel:** neue Grundlage für Beziehungen mit osteuropäischen Staaten nach Prinzip „**Wandel durch Annäherung**" (Egon Bahr) → Revolutionierung der diplomatischen Beziehungen zu Polen durch **Neue Ostpolitik:**
  - **Moskauer Vertrag** zwischen Bundesrepublik und UdSSR (12. August 1970): Erklärung von **Gewaltverzicht** und **Unverletzlichkeit aller Grenzen in Europa** durch die Bundesrepublik mit ausdrücklicher Nennung der Oder-Neiße-Grenze
  - **Warschauer Vertrag** (7. Dezember 1970) zwischen Bundesrepublik und Polen: **Achtung der gegenwärtigen Grenzen** (Oder-Neiße-Linie) → am Tag der Unterzeichnung **Kniefall Willy Brandts** am Getto-Denkmal in Warschau als symbolische Entschuldigungsgeste
- 1970er-/1980er-Jahre: weitere **Entspannung des westdeutsch-polnischen Verhältnisses**
  - 1972: Gründung der **Schulbuchkommission** als westdeutsch-polnische Organisation zur Kooperation zwischen Historikern und Geografen beider Länder → **Anpassung von Grenzziehungen und Bezeichnungen von Städten** in Schulbüchern an aktuelle Lage
  - vermehrte **Gedenkstättenfahrten nach Polen** von Schulklassen und Jugendgruppen
  - 1980: Entstehung der **Gewerkschaft Solidarność** in Polen, die unter ihrem Vorsitzenden Lech Wałęsa **für Demokratisierung** kämpft → Anerkennung und Unterstützung aus Deutschland
- April 1989: Erzwingung **halbfreier Wahlen** durch die Gewerkschaft → Juni 1989: großer **Erfolg für Solidarność** → Demokratisierung und Etablierung der **Dritten Polnischen Republik** → Beginn der **friedlichen Revolution in Ostblockstaaten**

Die deutsch-polnischen Beziehungen ab 1990

- 12. September 1990: Unterzeichnung des „**Zwei-plus-Vier**"**-Vertrags** (Bundesrepublik, DDR, Frankreich, Großbritannien, Sowjetunion, USA) als Ersatz für Friedensvertrag des Zweiten Weltkriegs → volle Souveränität für geeintes Deutschland und **Bestätigung der deutschen Grenzen** → weitere Entspannung zwischen Ost und West
- 3. Oktober 1990: **Wiedervereinigung** der beiden deutschen Teilstaaten → 14. November 1990: **deutsch-polnischer Grenzbestätigungsvertrag** zur endgültigen **Anerkennung der Oder-Neiße-Grenze** durch die Bundesrepublik
- 17. Juni 1991: Abschluss des **deutsch-polnischen Nachbarschaftsvertrags** (= Partnerschaftsvertrag) → Zusammenarbeit in Politik, Wirtschaft, Kultur und Bildung, z. B. Gründung der Stiftung für **deutsch-polnische Zusammenarbeit** und des **deutsch-polnischen Jugendwerks**
- in **Polen** seit 1989 **konsequente Westorientierung:** Aufnahme Polens in die **NATO** (1999) und in die **EU** (2004)
- trotz Annäherung und Verständigung **weiterhin Kontroversen und Herausforderungen**, v. a. hinsichtlich des **Umgangs mit der Geschichte** der ersten Hälfte des 20. Jahrhunderts (besonders von Flucht und Vertreibung)

Auf einen Blick

Begrifflichkeiten

- **Geschichte** = vergangenes Geschehen sowie Erforschung, Deutung und Darstellung vergangener Ereignisse, Vorgänge und Handlungen
- **Geschichtsbewusstsein** = Bewusstsein von der Geschichtlichkeit des Menschen und der von ihm geschaffenen Einrichtungen, Kulturen und Erkenntnisse
- Grundlage für **historisches Wissen:** kritische Auswertung und Interpretation überlieferter **Zeugnisse aus der Vergangenheit** (durch Historikerinnen und Historiker)
- **Geschichtskultur** = alle **Erscheinungsformen von Geschichte** (historisches Lernen, historisches Wissen, historische Produktionen wie z. B. Bücher oder Filme) in einer Gesellschaft
- **Erinnerungskultur** = funktionaler Gebrauch der Vergangenheit: **Umgang** des Einzelnen und **der Gesellschaft mit Geschichte** → drei Bedeutungen des Begriffs nach Aleida Assmann:
  - **Pluralisierung** (Entstehung einer Vielfalt) und Intensivierung **der Beschäftigung mit der Vergangenheit**, die nicht mehr auf akademischen Bereich beschränkt ist
  - **Aneignung der Vergangenheit durch eine Gruppe** mit identitätsstiftender Wirkung
  - „ethische Erinnerungskultur“ als **kritische Auseinandersetzung mit Staats- und Gesellschaftsverbrechen**, besonders aus der Opferperspektive
- **kollektives Gedächtnis** (Maurice Halbwachs) = gemeinsame **Gedächtnisleistung von Menschen eines Kollektivs**, die den **Rahmen für ethische Normen** und gültigen Verhaltenskodex bildet und auch die individuelle Erinnerung beeinflusst → Weiterentwicklung und Differenzierung der Theorie durch Jan Assmann mithilfe der folgenden Begrifflichkeiten:
  - **kommunikatives Gedächtnis:** mündlich weitergegebene Erfahrungen und Traditionen → auf zwei bis vier Generationen beschränkt und von großer **Alltagsnähe** gekennzeichnet
  - **kulturelles Gedächtnis:** Kunst- und Kulturgegenstände sowie schriftliche Überlieferungen, die weit in die Vergangenheit zurückreichen → nur **wiederholte symbolische Inszenierung** der erinnerten Ereignisse sorgt für Präsenz des Vergangenen → Wandlung zum Mythos
- **soziales Gedächtnis** = archivierte Form des kollektiven Gedächtnisses, z. B. Bücher- oder Bildersammlung

Formen historischer Erinnerung

- Anlage von **Grabmälern**, **Friedhöfen und Mausoleen** als älteste Form der Erinnerungskultur, z. B. Pyramiden von Gizeh
- **Familienalben**, **Ahnenforschung** oder Feier **persönlicher Jubiläen** als private oder subjektive Formen der Erinnerungskultur
- **Archive**, deren Materialien zur Erschließung historischer Sachverhalte durch Geschichtswissenschaft genutzt werden → **Aufbereitung der Inhalte** in Monografien, Festschriften oder Zeitschriftenartikeln
- **Museen** und **Ausstellungen** zur öffentlichen Dokumentation und **medialen Darstellung** von Geschichte
- **Denkmäler** für Personen und historische Ereignisse, z. B. Kriegerdenkmal, Mahnmal, Nationaldenkmal
- **öffentliche Veranstaltungen**, die meist staatlicher Lenkung unterworfen sind, z. B. Gestaltung von **Gedenk- und Feiertagen** sowie **Preis- bzw. Ordensverleihungen**
- **Straßenbenennungen** nach historischen Persönlichkeiten oder Ereignissen, z. B. „Straße des 17. Juni" in Berlin als Erinnerung an den Volksaufstand in der DDR am 17. Juni 1953
- **Gedenkstätten** an Orten von historischer Bedeutung (z. B. Konzentrations- und Vernichtungslager der Nationalsozialisten), aber auch **dezentrale Gedenkorte** (z. B. Stolpersteine vor ehemaligen Wohnhäusern von Juden)
- Konservierung und Rekonstruktion **historischer Gebäude**, z. B. Wiederaufbau des Stadtschlosses in Berlin
- Erinnerung durch **szenisches oder funktionales Handeln**, z. B. Reenactment-Veranstaltungen (Nachstellen historischer Ereignisse) oder Betrieb historischer Verkehrsmittel
- Rezeption von **Romanen**, **Filmen und Fernsehsendungen** mit geschichtlichen Inhalten
- Betrachten von **Kunstwerken**, Hören von **Musik** sowie Teilnahme an **religiösen Ritualen**
- mündliche Tradierung historischer Erfahrungen, u. a. auch von **Sagen**, **Legenden und Mythen**

Funktionen historischer Erinnerung

- Erklärung der Gegenwart und **Sinnstiftung** durch Vergegenwärtigung des Vergangenen → institutionalisiertes Erinnern zeigt, was einer Gesellschaft besonders wichtig ist, und dient der **Systemstabilisierung**
- **Identitätsstiftung** und Begründung einer „Wir"-Gemeinschaft → ABER: **Gefahr der Geschichtsfälschung**, wenn gegenwärtige Handlungen historisch gerechtfertigt und starke gesellschaftliche Bindungen erzeugt werden sollen, z. B. **Nationsmythen** des 19. Jahrhunderts
- **Lernen aus der Geschichte?**
  - von der Antike bis ins 18. Jahrhundert: Vorstellung von der **Geschichte als „Lehrmeisterin des Lebens"** (Cicero) → Hoffnung, aus Analyse der Vergangenheit Grundsätze und Regeln für richtiges und vernünftiges Verhalten in der Gegenwart ableiten zu können
  - ab Ende des 18. Jahrhunderts: Ansicht von der Einmaligkeit und **Unwiederholbarkeit geschichtlicher Erscheinungen**, die immer an besondere Umstände geknüpft sind → keine Möglichkeit, aus Vergangenheit konkrete Problemlösungen für die Gegenwart abzuleiten
  - heutige Sicht: Geschichte als **Orientierung über eigene Herkunft** und Möglichkeit zur **Erweiterung des Horizonts** → eher indirekte Beeinflussung und **Bereicherung der Gegenwart** durch Beschäftigung mit Vergangenheit
- Erinnerung an geschehenes Unrecht als **Voraussetzung für Versöhnung**

Auf einen Blick

Nationale Gedenk- und Feiertage

April/Mai	Holocaust-Gedenktag (Yom HaShoa) in Israel
3. Mai	Nationalfeiertag/Verfassungstag in Polen
9. Mai	Tag des Sieges in Russland
4. Juli	Independence Day in den USA
14. Juli	Nationalfeiertag in Frankreich
3. Oktober	Tag der deutschen Einheit in Deutschland
9. November	Gedenktag (Reichspogromnacht, Mauerfall) in Deutschland

Funktionen von Jahrestagen (nach Aleida Assmann)

- Anlässe für Interaktion und Partizipation: Schaffung eines **Raums der organisierten Wiederkehr von Vergangenheit** → Einbettung der Vergangenheit in die Gegenwart
- Gelegenheit für **Wir-Inszenierungen:** Gemeinschaften können sich als kollektive Identität in der Anonymität der individualisierten demokratischen Gesellschaft darstellen
- **Anstoß zur Reflexion:** regelmäßige Wiederkehr und starke Ritualisierung verwandeln Geschichte in **Mythos**, **kontroverse Neudeutungen** des Ereignisses verwandeln Mythos dann wieder in **Geschichte**

→ **Ziele:** Suche nach **Orientierung** und Vergewisserung von **Identität**

Holocaust-Gedenktag in Israel

- 21. April 1951: Festsetzung des Holocaust-Gedenktags **(Yom HaShoa)** auf 27. Nissan des hebräischen Kalenders (Ende April/Anfang Mai), aber zunächst keine offiziellen Veranstaltungen
- Entstehung von Initiativen zu gesetzlicher Regelung → April 1959: **Gesetz zum Gedenktag an Shoa und Heldentum**, um Opfern des **Holocaust** sowie **jüdischem Widerstand** und Helden des **Aufstands im Warschauer Getto** 1943 zu gedenken
- Vorschlag des Datums vom Beginn des Aufstands im Warschauer Getto (14./15. Nissan), ABER: Überschneidung mit Pessach-Fest → Verlegung auf 27. Nissan, um **Nähe zu Gedenken an andere jüdische Katastrophen** herzustellen, das dann in Unabhängigkeitstag im Mai mündet
- **Ablauf:** Eröffnungszeremonie in **Yad Vashem** (internationale Holocaust-Gedenkstätte) in Jerusalem mit **Entzündung von sechs Fackeln** (Symbol für sechs Millionen ermordete Juden) → **Heulen der Sirenen** im gesamten Land am folgenden Morgen um zehn Uhr für zwei Minuten → Radio und Fernsehen: Übertragung der **Gedenkveranstaltung**, Beiträge über Holocaust
- seit 1988: „**Marsch der Lebenden**" von Juden aus aller Welt (und auch nichtjüdischen Delegationen) vom KZ Auschwitz zum Vernichtungslager Auschwitz-Birkenau als Akt des Erinnerns an Holocaust-Opfer und **Protest gegen Leugnung des Holocaust**
- teilweise **Übernahme des Gedenktags durch andere Staaten**, z. B. Verlesen der Namen aller Holocaust-Opfer Berlins durch **jüdische Gemeinde Berlins** am 3./4. Mai 2005

3. Mai in Polen

- **Nationalfeiertag** in Polen in **Erinnerung an Verabschiedung der ersten Verfassung** des Landes 1791 (drittälteste Verfassung der Welt)
- Verfassung war inspiriert von **Gedankengut der Aufklärung** sowie der amerikanischen Verfassung von 1787: Regierende sollen Wohl der gesamten Nation und nicht nur einigen privilegierten Schichten dienen
- **Teilungszeit** 1791–1919: **Verbot von Feierlichkeiten zu Ehren der Verfassung**
- 1919: Erlangung der **Unabhängigkeit** und Ausrufung des 3. Mai zum **Nationalfeiertag**
- 1939–1945: unter deutscher und sowjetischer **Besatzung** erneut **Verbot von Feierlichkeiten**
- 1946–1989: **Wunsch** der kommunistischen Machthaber, **Feiertag abzuschaffen**, der an Tradition der staatlichen Souveränität Polens anknüpft → Versuch, Tag der Arbeit (1. Mai) als Nationalfeiertag zu etablieren → **Sanktionen bei Begehen des Verfassungstags**
- ab 1990: **Wiederaufgreifen des 3. Mai als Nationalfeiertag** → Feier mit Ansprachen, Militärparaden, Konzerten, Lesungen und traditionellen Tänzen

9. Mai in Russland

- **„Tag des Sieges“** über Deutschland im Zweiten Weltkrieg (**bedingungslose Kapitulation Deutschlands** in Berlin-Karlshorst nach Moskauer Uhrzeit am 9. Mai 1945)
- 1946–1963: **noch kein offizieller Feiertag**, sondern Würdigung durch Leitartikel in Zeitungen, festliche Abendveranstaltungen und Salutschüsse in größeren Städten
- ab 1964: **große Feierlichkeiten**, die bis heute nahezu unverändert geblieben sind (**Paraden** von Armeeeinheiten und Kriegsveteranen auf dem Roten Platz in Moskau, **Gedenkreden** vor Lenin-Mausoleum, **Gedenkveranstaltungen und Kranzniederlegungen** im ganzen Land)
- in Sowjetzeiten **Mittel der kommunistischen Propaganda**, um Überlegenheit des Systems zu zeigen, und Bedürfnis der Überlebenden, **an gebrachte Opfer zu erinnern**, aber auch heute noch große Wertschätzung des Feiertags in der Bevölkerung
- enorme Symbolkraft und feste Rituale des Feiertags **verhindern kritische Auseinandersetzung mit der Vergangenheit**, z. B. keine Thematisierung der brutalen Besetzungen des Baltikums oder Polens durch Russland
- nach **Zusammenbruch der Sowjetunion** bis 1995: Aussetzung bzw. **Unregelmäßigkeit der Feierlichkeiten** sowie **geschichtliche Aufarbeitung** der Kriegsgeschehnisse
- ab 2005: **unter Putin Instrumentalisierung des Gedenktages**, um an Einheit der Bevölkerung zu appellieren und gegenwärtiges System zu stabilisieren → Entfernung von eigentlichem historischen Ereignis, stattdessen **Inszenierung des Tages als gesamtrussischen Nationalfeiertag**

4. Juli in den USA

- **„Independence Day“** zur Erinnerung an die **Ratifizierung der Unabhängigkeitserklärung** der Vereinigten Staaten durch den Kontinentalkongress am 4. Juli 1776 (erstmalige Bezeichnung der dreizehn Kolonien als „Vereinigte Staaten von Amerika“); ABER: **rechtliche Entstehung der USA** erst **mit Ratifizierung der US-Verfassung** im Jahr 1781
- **Begehung des Jahrestags bereits seit 1777**, zunächst aber in eher kleinerem Umfang (z. B. Salutschüsse) → ab 1791: Verwendung der Bezeichnung „Independence Day“

- heutige **Feierlichkeiten: Picknicks**, Barbecues, patriotische **Paraden**, politische **Reden**, **Feuerwerke**, Konzerte, öffentliches **Hissen der US-Flagge**, Singen patriotischer Lieder wie der Nationalhymne „The Star-Spangled Banner", **Einbürgerungsveranstaltungen** für Immigranten
- **hohe symbolische Bedeutung** von Nationalhymne, -flagge und -feiertag: **Aufladung von Geschehnissen des 4. Juli mit besonderer Bedeutung** bzw. absichtliche Durchführung bestimmter Handlungen am 4. Juli

14. Juli in Frankreich

- **französischer Nationalfeiertag:** Erinnerung an **symbolischen Beginn der Französischen Revolution mit Sturm auf die Bastille** 1789 sowie an Föderationsfest 1790 (Zusammenkunft von Abgeordneten aller Départements und französischem Volk) als **Symbol nationaler Versöhnung**
- 1880: **Einführung des Feiertags** per Gesetz
- Art der **Feierlichkeiten: Militärparade** auf den Champs-Élysées in Paris, großes **Feuerwerk** in vielen französischen Städten, Ballveranstaltungen
- Frage, ob Erinnerung an **Französische Revolution** insgesamt ein **Tag zum Feiern** ist: **Pro** (Verkündung der **Menschenrechte**) ↔ **Kontra (Schreckensherrschaft)** → zwar patriotisch-pompöse Feier, aber Zelebrierung **kollektiver Werte wie Freiheit**, **Gleichheit**, **Brüderlichkeit**
- in Frankreich immer wieder hitzige **Debatten zu Deutungsmonopol über Geschichte** → „Komitee der Wachsamkeit über den öffentlichen Gebrauch der Geschichte": Entscheidung, an wen oder was auf welche Weise erinnert werden soll

3. Oktober in Deutschland

- **Tag der deutschen Einheit** als wichtigster Feiertag für Gesamtdeutschland: Feier der **friedlichen Revolution in der DDR** und der **Wiederherstellung der deutschen Einheit** am 3. Oktober 1990
- Festlegung des 3. Oktober als gesetzlichen Feiertag in Artikel 2 des Einigungsvertrags → **einziger, durch Bundesrecht festgelegter gesetzlicher Feiertag** in Deutschland
- vorherige Nationalfeiertage: Tag der Republik am **7. Oktober** in der **DDR** (Staatsgründung der DDR), Tag der deutschen Einheit am **17. Juni** in der **Bundesrepublik** (Volksaufstand in der DDR)
- **Zielsetzung** des Feiertags: **Förderung des Zusammengehörigkeitsgefühls der Deutschen** nach Jahrzehnten der Trennung und **Festigung der staatlichen Einheit**
- jährlich wechselnde **Organisation der offiziellen Feierlichkeiten durch ein anderes Bundesland** → **Ablauf:** ökumenischer **Gottesdienst**, **Festakt** mit Empfang des Bundespräsidenten sowie **Bürgerfest** mit Informations- und Unterhaltungsprogramm
- zunächst Bestreben, Feiertag **möglichst zurückhaltend** zu begehen, um **Nachbarländer** zu **beruhigen**, die wiederaufkommenden deutschen Nationalismus befürchten:
  - Bezeichnung als „zentrale", nicht „nationale" Feier → **sparsamer Einsatz nationaler Symbole**
  - Betonung von **Verfassungspatriotismus anstelle von Hurrapatriotismus**
  - Hervorhebung des **Föderalismus:** Veranstaltung nicht in Berlin, sondern in verschiedenen Landeshauptstädten
  - Bekenntnis zum **europäischen Gedanken**
  - Einnehmen einer vergangenheitsbewussten Perspektive: **Holocaustgedächtnis** und Reflexion der deutschen Tätergeschichte haben festen Platz in Reden zum Tag der deutschen Einheit

  - **Nüchternheit** des Festaktes (und der Fernsehübertragung)

→ erst **ab 2001** langsame Abkehr von sparsamer Inszenierung und **größere Betonung von Emotionalität** durch verstärkte audiovisuelle Inszenierung

- **Kritik an Gestaltung** des Feiertags:
  - **Ausschluss der Bevölkerung** von offiziellem Festakt
  - von 1993 bis 2000 keine Ausrichtung der Einheitsfeier im Osten Deutschlands und keine ostdeutschen Redner bei Festakt → **Vorwurf einer westdeutschen Elitefeier**
- **Kritik an Wahl des 3. Oktober** als Nationalfeiertag:
  - fehlende Diskussion auf institutioneller Ebene und **undemokratischer Entstehungsprozess** bei Festlegung des Feiertags
  - Tag zwar nicht negativ besetzt, dafür nur **Erinnerung an bürokratisches Verfahren** zur Wiedervereinigung anstelle von Würdigung der Opposition und friedlichen Revolution in der DDR
  - weitgehender **Verzicht auf Symbolik** → Feiertag wenig emotional geprägt: eher **Staatsfeiertag** als Nationalfeiertag
- bis heute immer wieder **Alternativvorschläge für deutschen Nationalfeiertag:**
  - **9. Oktober** (erster Höhepunkt der friedlichen Revolution → **Würdigung des Beitrags der Ostdeutschen** zur Wiedervereinigung) → Ablehnung wegen fehlender Repräsentation der Westdeutschen, ABER: schrittweise Etablierung als **lokaler Feiertag**
  - **9. November** (Mauerfall) → Ablehnung wegen historischer und emotionaler **Überfrachtung dieses Datums** (Reichspogromnacht 1938), ABER: feierliche Begehung des Tages bei Gedenkveranstaltungen, bei denen **Fokus** mehr und mehr **auf Bürgerrechtsbewegung** der DDR liegt

9. November in Deutschland

- **„Schicksalstag“** in der deutschen Geschichte (**Begriff umstritten**, da er rationales Handeln von Menschen und deren Verantwortung für Geschehnisse verschleiert):
  - 1848: **Erschießung des Paulskirchenabgeordneten Robert Blum** durch die Truppen der Gegenrevolution
  - 1918: Ausrufung der **ersten deutschen Republik** im Zuge der Novemberrevolution
  - 1923: gescheiterter **Hitler-Putsch** in München
  - 1938: **Reichspogrom gegen die jüdische Bevölkerung** im Nationalsozialismus
  - 1989: **Fall der Berliner Mauer**

→ Tag als **Symbol für Hoffnungen** der Deutschen, aber auch für **Weg in Diktatur und Verbrechen** → heutzutage Zusammenfallen von Gedenk- und Feierstunde: teilweise emotionalere und öffentlichkeitswirksamere Feierlichkeiten als am 3. Oktober

- 9. November 1923 **im Nationalsozialismus** als zentraler Bezugspunkt für Mythen- und Traditionsbildung: **Verklärung durch Propaganda** und Inszenierung von Gedenkfeiern für die beim Putschversuch gestorbenen Nationalsozialisten („Blutzeugen der Bewegung“)
- 2009: Aufruf der Kultusministerkonferenz zu **Projekttag in Schulen** zur Auseinandersetzung mit den Themen Mut und Zivilcourage sowie mit Fragen zu Demokratie und Diktatur
- Gründe für **Kritik an Wahl des Tages als Gedenktag:**
  - mythenbeladene **Inszenierung von vermeintlichen Kontinuitäten** der deutschen Geschichte („Märchen mit Happy End“)
  - **Verstellung des Blicks auf andere bedeutsame Wendepunkte** der Geschichte
  - Inszenierung als **„Schicksalstag“ ist Erfindung der Nationalsozialisten** (bewusste Wahl des Datums für Hitlerputsch und Reichspogromnacht)

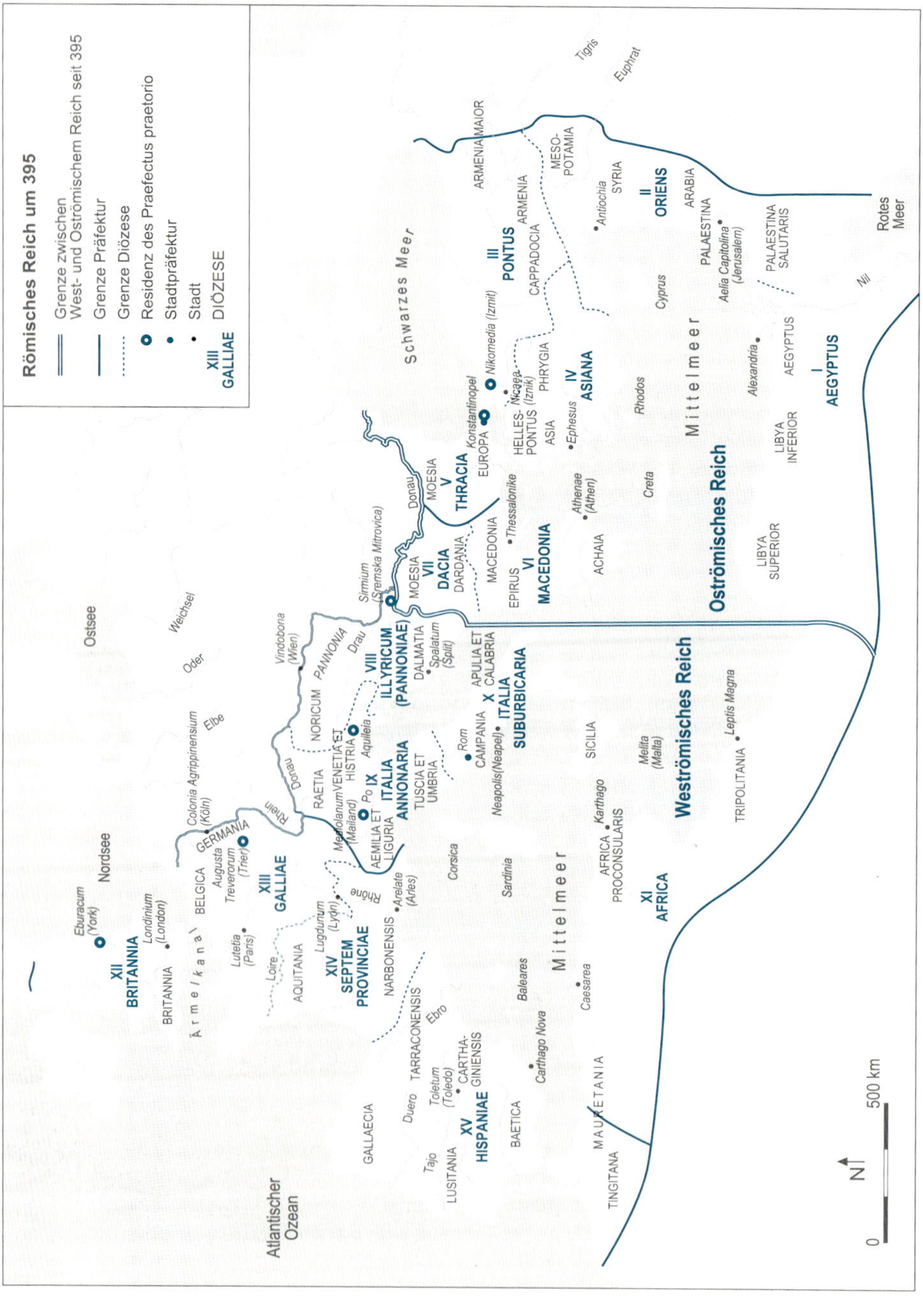

Römisches Reich um 395
Grenze zwischen West- und Oströmischem Reich seit 395
Grenze Präfektur
Grenze Diözese
Residenz des Praefectus praetorio
Stadtpräfektur
Stadt
XIII GALLIAE
DIÖZESE
Atlantischer Ozean
Nordsee
Ostsee
Schwarzes Meer
Mittelmeer
Rotes Meer
Weströmisches Reich
Oströmisches Reich
XII BRITANNIA
BRITANNIA
Eburacum (York)
Londinium (London)
Ärmelkanal
XIII GALLIAE
BELGICA
GERMANIA
Augusta Treverorum (Trier)
Colonia Agrippinensium (Köln)
Lutetia (Paris)
Loire
AQUITANIA
XIV SEPTEM PROVINCIAE
Lugdunum (Lyon)
Rhône
NARBONENSIS
Arelate (Arles)
XV HISPANIAE
GALLAECIA
LUSITANIA
TARRACONENSIS
CARTHAGINIENSIS
BAETICA
Duero
Tajo
Ebro
Toletum (Toledo)
Carthago Nova
Baleares
Caesarea
MAURETANIA TINGITANA
XI AFRICA
AFRICA PROCONSULARIS
Karthago
TRIPOLITANIA
Leptis Magna
SICILIA
Melita (Malta)
Sardinia
Corsica
IX ITALIA ANNONARIA
AEMILIA ET LIGURIA
Mediolanum (Mailand)
Po
RAETIA
VENETIA ET HISTRIA
Aquileia
TUSCIA ET UMBRIA
X ITALIA SUBURBICARIA
Rom
CAMPANIA
Neapolis (Neapel)
APULIA ET CALABRIA
NORICUM
PANNONIA
Vindobona (Wien)
Rhein
Donau
Elbe
Oder
Weichsel
Drau
VIII ILLYRICUM (PANNONIAE)
DALMATIA
Spalatum (Split)
Sirmium (Sremska Mitrovica)
VII DACIA
MOESIA
DARDANIA
VI MACEDONIA
MACEDONIA
EPIRUS
Thessalonike
ACHAIA
Athenae (Athen)
Creta
V THRACIA
MOESIA
EUROPA
Konstantinopel
IV ASIANA
HELLESPONTUS
ASIA
Ephesus
PHRYGIA
Nicaea (Iznik)
Nikomedia (Izmit)
Rhodos
III PONTUS
CAPPADOCIA
ARMENIA
ARMENIA MAIOR
II ORIENS
MESOPOTAMIA
SYRIA
Antiochia
Cyprus
ARABIA
PALAESTINA
Aelia Capitolina (Jerusalem)
PALAESTINA SALUTARIS
Tigris
Euphrat
I AEGYPTUS
AEGYPTUS
Alexandria
Nil
LIBYA INFERIOR
LIBYA SUPERIOR
0
500 km
N

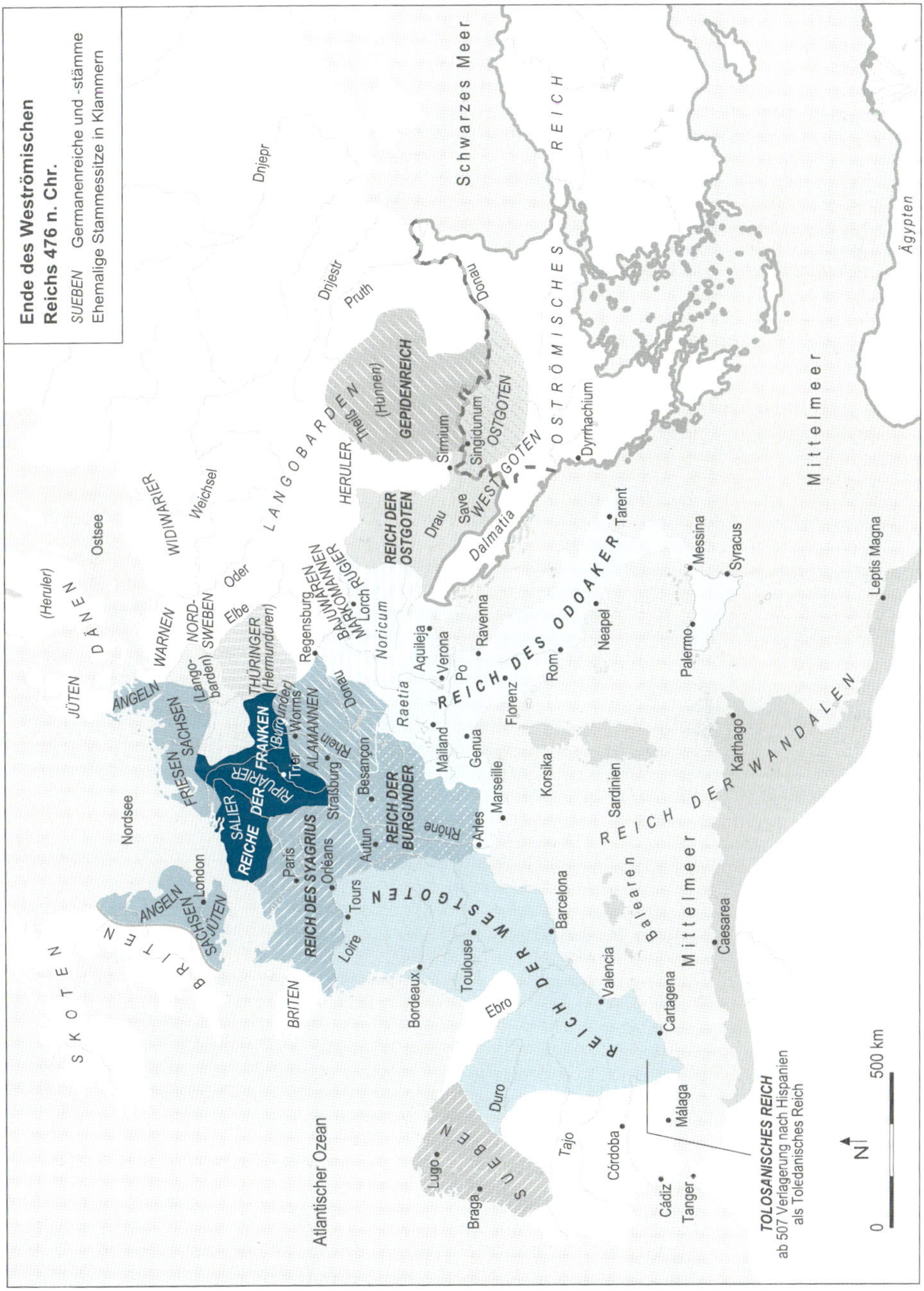
Ende des Weströmischen Reichs 476 n. Chr.
SUEBEN Germanenreiche und -stämme
Ehemalige Stammessitze in Klammern
REICH DES SYAGRIUS
SALIER
RIPUARIER
REICHE DER FRANKEN
REICH DER BURGUNDER
REICH DER WESTGOTEN
REICH DER OSTGOTEN
REICH DES ODOAKER
REICH DER WANDALEN
GEPIDENREICH
(Hunnen)
OSTRÖMISCHES REICH
OSTGOTEN
WESTGOTEN
LANGOBARDEN
HERULER
WIDIWARIER
WARNEN
NORD-SWEBEN
(Langobarden)
THÜRINGER (Hermunduren)
ALAMANNEN
(Burgunder)
BAJUWAREN
MARKOMANNEN
RUGIER
ANGELN
SACHSEN
FRIESEN
JÜTEN
DÄNEN
(Heruler)
SKOTEN
BRITEN
SUEBEN
TOLOSANISCHES REICH
ab 507 Verlagerung nach Hispanien
als Toledanisches Reich
Atlantischer Ozean
Nordsee
Ostsee
Schwarzes Meer
Mittelmeer
Ägypten
Balearen
Korsika
Sardinien
Noricum
Raetia
Dalmatia
London
Paris
Orléans
Tours
Trier
Worms
Straßburg
Besançon
Autun
Arles
Marseille
Toulouse
Bordeaux
Barcelona
Valencia
Cartagena
Málaga
Córdoba
Cádiz
Tanger
Lugo
Braga
Regensburg
Lorch
Aquileja
Verona
Mailand
Genua
Ravenna
Florenz
Rom
Neapel
Tarent
Palermo
Messina
Syracus
Karthago
Caesarea
Leptis Magna
Sirmium
Singidunum
Dyrrhachium
Rhein
Donau
Rhône
Loire
Ebro
Duro
Tajo
Po
Elbe
Oder
Weichsel
Drau
Save
Theiß
Pruth
Dnjestr
Dnjepr
N
0
500 km

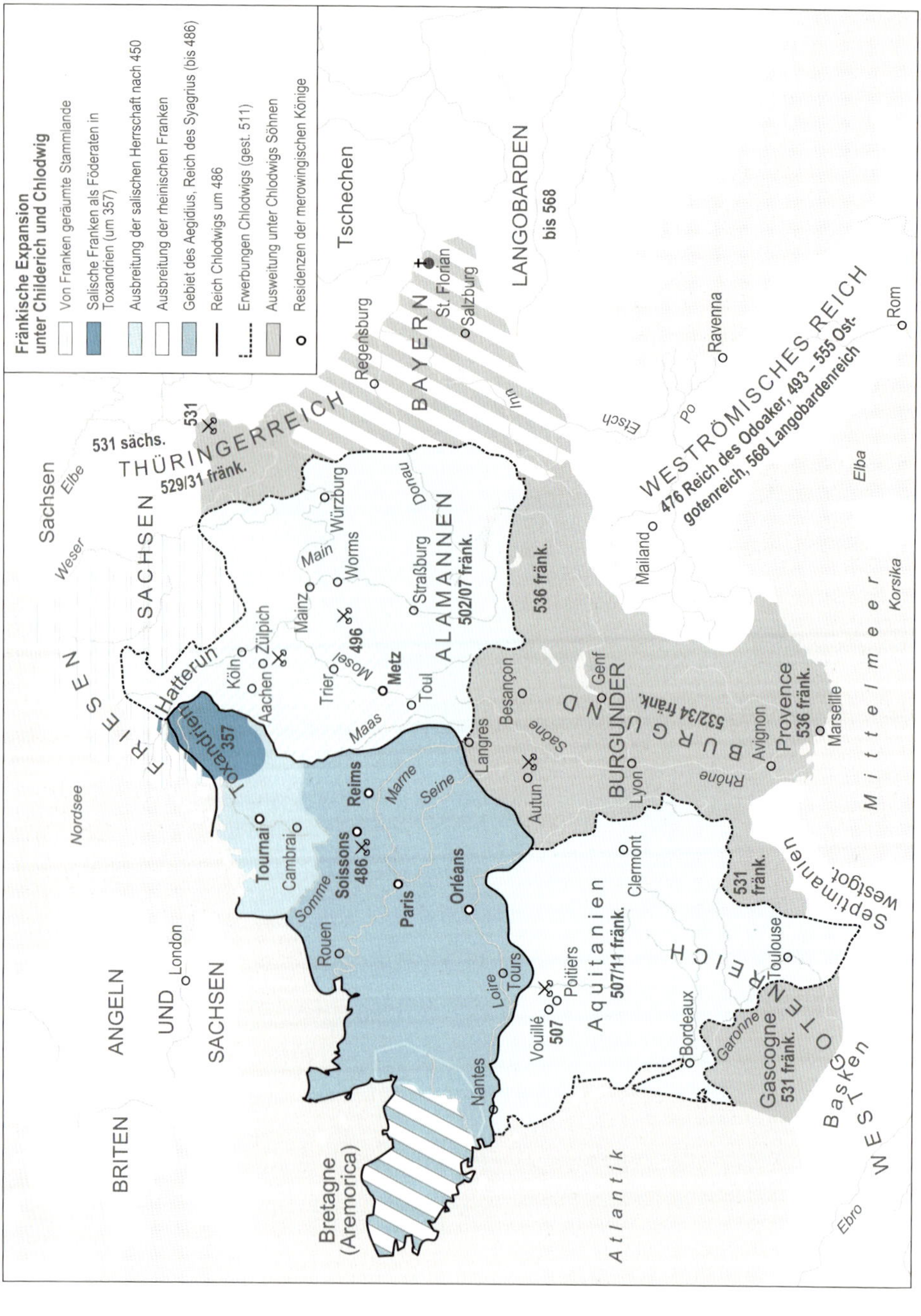
Fränkische Expansion unter Childerich und Chlodwig
Von Franken geräumte Stammlande
Salische Franken als Föderaten in Toxandrien (um 357)
Ausbreitung der salischen Herrschaft nach 450
Ausbreitung der rheinischen Franken
Gebiet des Aegidius, Reich des Syagrius (bis 486)
Reich Chlodwigs um 486
Erwerbungen Chlodwigs (gest. 511)
Ausweitung unter Chlodwigs Söhnen
Residenzen der merowingischen Könige
Tschechen
LANGOBARDEN
bis 568
BAYERN
St. Florian
Salzburg
Regensburg
Inn
THÜRINGERREICH
529/31 fränk.
531 sächs.
531
Sachsen
Elbe
Weser
SACHSEN
FRIESEN
Nordsee
Hatterun
Toxandrien 357
Köln
Aachen
Zülpich
Mainz
Main
Worms
Würzburg
Donau
Straßburg
ALAMANNEN
502/07 fränk.
496
Trier
Mosel
Metz
Toul
Maas
Langres
Besançon
Saône
Genf
536 fränk.
BURGUNDER
BURGUND
532/34 fränk.
Lyon
Autun
Rhône
Avignon
Provence
536 fränk.
Marseille
Mailand
Etsch
Po
Ravenna
Rom
Elba
Korsika
WESTRÖMISCHES REICH
476 Reich des Odoaker, 493 – 555 Ost-
gotenreich, 568 Langobardenreich
Mittelmeer
Septimanien
westgot.
531
fränk.
Toulouse
Tournai
Cambrai
Reims
Marne
Seine
Somme
Soissons
486
Paris
Orléans
Rouen
Loire
Tours
Poitiers
Vouillé
507
Clermont
Aquitanien
507/11 fränk.
Nantes
Bordeaux
Garonne
Gascogne
531 fränk.
WESTGOTENREICH
Basken
Ebro
Atlantik
Bretagne
(Aremorica)
BRITEN
ANGELN
UND
SACHSEN
London

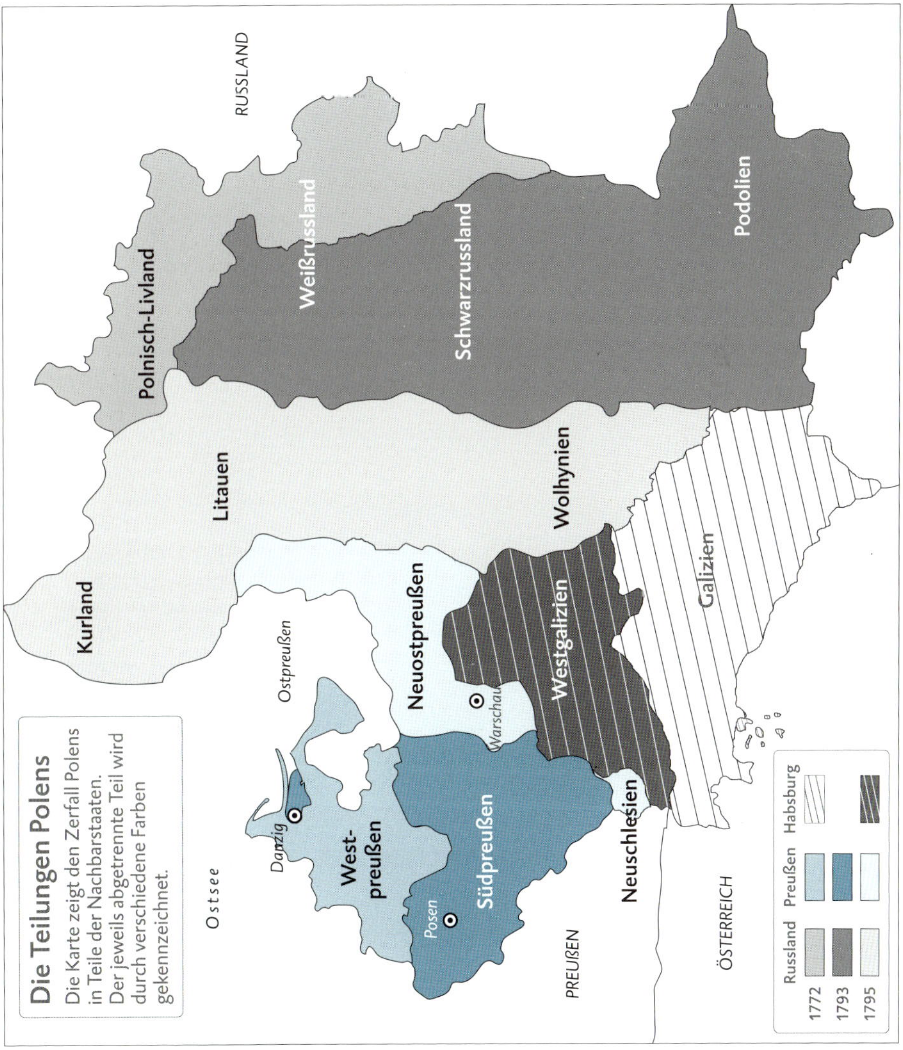

Die Teilungen Polens
Die Karte zeigt den Zerfall Polens in Teile der Nachbarstaaten. Der jeweils abgetrennte Teil wird durch verschiedene Farben gekennzeichnet.

Notizen

Notizen

Fit fürs ABI?
Mit unseren ABI-Vorbereitungskursen zur Höchstform auflaufen!
In mehrtägigen Kursen bringen dich unsere Lern-Coaches in DEINE persönliche Bestform:
› Sie zeigen dir, woran DU arbeiten musst.
› Sie helfen dir, DEINEN persönlichen Lern-Trainings-Plan zu erstellen.
› Sie unterstützen DICH mit exklusiven STARK Lernmaterialien, die es nur dort gibt.
› Sie stehen dir für DEINE Fragen zur Verfügung.
stark-plus.de
Bild von © gettyimages.de / Andres Benitez / EyeEm

Wie bei Netflix.
Gibt's in Serie.
STARK Lernhilfen
2021
Abitur
Original-Prüfungsaufgaben
mit Lösungen
Deutsch
ActiveBook
Interaktives
Training
STARK
Wir wissen, was Schüler brauchen.
Pearson
www.stark-verlag.de
STARK